新・教職課程演習　第5巻

教育心理学

筑波大学人間系准教授　**外山　美樹**
広島大学大学院教授　　**湯澤　正通** 編著

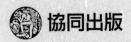協同出版

刊行の趣旨

　教育は未来を創造する子どもたちを育む重要な営みである。それゆえ，いつの時代においても高い資質・能力を備えた教師を養成することが要請される。本『新・教職課程演習』全22巻は，こうした要請に応えることを目的として，主として教職課程受講者のために編集された演習シリーズである。

　本シリーズは，明治時代から我が国の教員養成の中核を担ってきた旧東京高等師範学校及び旧東京文理科大学の伝統を受け継ぐ筑波大学大学院人間総合科学研究科及び大学院教育研究科と，旧広島高等師範学校及び旧広島文理科大学の伝統を受け継ぐ広島大学大学院人間社会科学研究科（旧大学院教育学研究科）に所属する教員が連携して出版するものである。このような歴史と伝統を有し，教員養成に関する教育研究をリードする両大学の教員が連携協力して，我が国の教員養成の質向上を図るための教職課程の書籍を刊行するのは，歴史上初の試みである。

　本シリーズは，基礎的科目9巻，教科教育法12巻，教育実習・教職実践演習1巻の全22巻で構成されている。各巻の執筆に当たっては，学部の教職課程受講者のレポート作成や学期末試験の参考になる内容，そして教職大学院や教育系大学院の受験準備に役立つ内容，及び大学で受講する授業と学校現場での指導とのギャップを架橋する内容を目指すこととした。そのため，両大学の監修者2名と副監修者4名が，各巻の編者として各大学から原則として1名ずつ依頼し，編者が各巻のテーマに最も適任の方に執筆を依頼した。そして，各巻で具体的な質問項目（Q）を設定し，それに対する解答（A）を与えるという演習形式で執筆していただいた。いずれの巻のどのQ&Aもわかりやすく読み応えのあるものとなっている。本演習書のスタイルは，旧『講座教職課程演習』（協同出版）を踏襲するものである。

　本演習書の刊行は，顧問の野上智行先生（広島大学監事，元神戸大学長），アドバイザーの大髙泉先生（筑波大学名誉教授，常磐大学大学院人間科学研究科長）と高橋超先生（広島大学名誉教授，比治山学園理事），並びに副監修者の筑波大学人間系教授の浜田博文先生と井田仁康先生，広島大学名誉教授の深澤広明先生と広島大学大学院教授の棚橋健治先生のご理解とご支援による賜物である。また，協同出版株式会社の小貫輝雄社長には，この連携出版を強力に後押しし，辛抱強く見守っていただいた。厚くお礼申し上げたい。

2021年4月

監修者　筑波大学人間系教授　清水　美憲

広島大学大学院教授　小山　正孝

序文

　「新・教職課程演習　第5巻　教育心理学」は，教職をめざす者が身につけるべき教育心理学の基礎知識を65のQ＆Aにまとめたものです。近年の教育心理学の研究は，より教育現場の抱える課題を取り上げ，教師が学校で児童生徒に教科を教え，生活指導を行ううえで，直接役に立つ知見を積み上げています。そのため，以前の版の「教職課程演習5　教育心理学」からは，構成を大きく変更しています。新しい学習指導要領では，教育心理学の知見が大きく反映され，「メタ認知」などの教育心理学の専門用語が用いられるようになりました。そのため，教職を目指す者にとって，本書で取り上げる内容は，教職の試験の準備をするためだけでなく，実際に教職に就き，教育実践を行ううえで，大変有用なものとなっています。

　本書は9章から構成されています。

　まず，「第1章　教育心理学の意義と課題」では，教育心理学の歴史的発展を簡単にまとめ，今日の教育の主要な課題とそれを解決するための教育心理学の役割を述べています。そして，課題を解決するための主要な研究方法を取り上げています。

　「第2章　人間の発達と教育」「第3章　学習の基礎理論」では，発達や学習に関する主要な理論を取り上げています。発達や学習について研究者によって異なる理論が提唱されています。どれが正しいというわけではなく，発達や学習の異なる側面を説明しています。教育者は，効果的な教育を実践するために，いずれにも精通し，多様な引き出しを持っておく必要があります。

　「第4章　領域固有の学習と教育」では，国語，算数，外国語，理科などの領域に応じた発達や学習のプロセスを説明します。発達や学習のプロセスは，領域に応じて異なっており，それに応じた教育を行う必要があることが分かっています。

「第5章　動機づけと情動」では，教育心理学の研究分野として大きく発展した動機づけの研究を取り上げます。教育の世界では，「学習意欲」と呼ばれており，「学力」を構成する側面の一つです。

　「第6章　学級集団」では，社会的環境としてのクラスを取り上げます。「主体的・対話的で，深い学び」を実現するために，クラス集団の役割が重視されています。単にグループで話し合いをさせるだけでは，「深い学び」は実現しません。どのように話し合いをさせるかが重要です。

　「第7章　知能とパーソナリティ」「第9章　発達障害と特別な支援」では，個に応じた教育を行ううえで，重要な視点を提供しています。21世紀では，教育の個別化，個性化がますます重視されています。

　「第8章　教育評価と測定」では，教育の評価の方法について説明しています。現在の教育では，PDCAサイクルが重視されており，その中で評価は，効果的な教育実践を行ううえで，特に重視されています。

　以上のように，本書は，65のQ＆Aによって，教育心理学について網羅的，効率的に学ぶことができるように構成されています。

　　　2021年4月

　　　　　　　　　　　　　　　　　　　編者　外山美樹・湯澤正通

目次

第5章　動機づけと情動

第6章　学級集団

第7章　知能とパーソナリティ

第8章　教育評価と測定

第9章　発達障害と特別な支援

第**1**章

教育心理学の意義と課題

Q1 教育心理学の歴史的発展の経緯を踏まえ，今日の教育心理学の主要な課題を述べなさい

1．心理学の分野の開拓と行動主義心理学

　教育心理学は，19世紀の終わりごろ，アメリカの心理学者ジェームズ（James, W.）が心理学の独自の研究分野として開拓したとされる。1950～60年代は，行動主義心理学の全盛期であった。行動主義心理学では，目に見える行動だけを研究対象とする。ラットなどの動物を対象にどのような条件でエサを与えるとレバー押しなどの学習がより速く成立するかを研究した。そこでは，学習を刺激（S：レバーのあるゲージ）と反応（R：レバー押し）の連合であると考え，その連合を成立させるのが賞罰（強化子）であるとされた。エサなどの賞（正の強化子）を与えれば，刺激と反応の連合が強まり（強化），電気ショックなどの罰（負の強化子）を与えれば，刺激と反応の連合が弱まる（消去）。

　こうしたS-R理論を教育現場に応用したのが，プログラム学習である。プログラム学習は，目標とする学習に到達するまでの過程を細かいステップに区切り，そのステップを系統的に配置し，学習を行う方法である。その際，次の原理に従って学習を行う。

①スモール・ステップの原理：前の質問が正答であれば，次の質問もほぼ全員
　正答できる程度に学習事項を細かく分割し，問題を作成する。

②即時フィードバックの原理：答えの正誤をすぐ学習者に与える。

　こうしたプログラム学習は，年少の子どもや特別な支援を必要する子ども・成人の学習にとって現在でも有効である。

2．認知革命と認知心理学

　1960年代後半，コンピューター技術の進展に伴って，「認知革命」が起こり，それ以降，行動主義心理学に代わって，認知心理学の研究が盛んになった。行動主義心理学では，目に見える行動のみを研究したが，特に人間の場合，S-R理論では説明できない現象が多数報告された。そこで，代わって盛んになった認知心理学の研究では，行動の背後にどのような認知プロセスが働いているかを解明しようとした。それは，コンピューターに3＋4と入力すると，7という答えが返ってくるが，コンピューター内でどのようなプログラムが働いているかを解明しようということである。

　認知心理学では，行動主義心理学の「行動」に代わる分析単位は，「知識」である。知識には，宣言的知識と手続き的知識がある。宣言的知識は，世界の事実に関する知識である。例えば，「正方形の4つの辺は等しい」などの事実に関する知識である。それに対して，手続き的知識は，「正方形の面積は1辺の長さを二乗すると求められる」といった知識である。認知心理学では，学習を「世界の事実に関する宣言的知識から手続き的知識を構成することである」と考える。学習が深まることで（熟達化），多様で構造的な知識の関連づけ（構成）と処理の自動化が生じるとされる。

3．構成主義とアクティブ・ラーニング

　行動主義心理学では，学習が成立するためには，刺激と反応を結びつける強化子が必要であるとされ，その強化子は，学習者に外的に与えられた。例えば，親や教師が子どものどの行動をどのように褒めたり，叱ったりするかが子どもの行動の変化（社会化）にとって重要であるとされた。一方，人間は必ずしも褒められたり，叱られたりするから学習するわけではない。主体的，自発的な学習も生じる。認知心理学では，学習者が主体的に知識を構成

すると考える点で，行動主義心理学とは根本的に異なっている。

　子どもが知識を主体的に構成することを発達の基礎的メカニズムとして最初に理論化したのは，スイスの発達心理学者ピアジェ（Piaget, J.）であった。ピアジェによると，子どもは，環境と能動的に関わりながら，環境を解釈し，または環境に合わせて解釈を変更しながら，主体的に知識を構成するとされる。このような考え方は，「構成主義」として，現在の教育心理学に大きな影響を与えている。

　近年の教育のキーワードの1つに，「アクティブ・ラーニング」がある。また，新しい学習指導要領に繰り返し述べられているキーワードに「主体的で，対話的で，深い学び」がある。「アクティブ」で「主体的な」学習を重視するのは，学習が学習者の主体的な知識の構成に基づいていると考える構成主義の考え方を反映している。

4．社会文化的アプローチと対話的な学び

　1980年代，ロシアの心理学者ヴィゴツキー（Vygotsky, L.）の著作がアメリカに紹介され，教育心理学の研究に大きな影響を及ぼし，社会文化的アプローチ（socio-cultural approach）といった研究動向を引き起こした。ヴィゴツキーの理論によると，子どもは，自分よりも発達した他者（大人）と関わる中で発達するとされる。例えば，ある算数の問題を自分1人ではできないが，教師の援助によってのみできる子どもがいるとする。その場合，その問題は，その子どもにとって発達の最近接領域の中にあるとされる。教師は，その子どもに対して，「まず，問題を解くには，どの情報が必要ですか」，「その情報を求めるのは，どうしたらいいですか」，「その方法は正しいですか」など，質問をしながら，子どもに考えさせる。子どもが問題を解くには，こうした子どもと教師の間の外的なコミュニケーションが必要であるが，子どもの理解の進展に伴い，そうした教師の質問は必要でなくなる。それは，子どもと教師の間で行われていた外的なコミュニケーションを，子どもが内化し，自分の頭の中で自分自身に自分が問いかけながら，問題を解けるようになったからである。ヴィゴツキーによると，これがまさに発達であ

り，学習であり，その意味で，他者との関わり（コミュニケーション）が発達にとって必要であるとされる。先に，「主体的で，対話的で，深い学び」というキーワードを述べたが，この「対話的で」ということが，まさに，ヴィゴツキーの考え方に依拠しているのである。

5．今日の教育心理学の課題

「主体的で，対話的で，深い学び」のうち，「深い学び」とは，教育の目標である「活用力」を育成する学びである。では，「活用力」を育てるためには，どうしたらよいか。

「活用力」とは，学校で学んだことを学校以外の文脈に応用していく力である。この「活用力」をいかに育てたらよいか，その方法を解明することが教育心理学の現在の大きな課題の1つである。これまでの教育心理学の研究では，ある文脈で学習した知識を別の文脈に転移させることが困難であることが繰り返し示されてきており，この現象は「知識の文脈依存性」と呼ばれてきた。知識の文脈依存性，つまり，子どもたちがテストでしか知識を使えないことは，これまでの学校教育の在り方の結果であり，また限界でもある。そして，学校という閉ざされた文脈においてのみ学習を進めてきたこれまでの教育の在り方が繰り返し批判されてきた。そうした批判を受け，子どもたちの「活用力」を育てるために，総合的な学びの時間やインターンシップなどが学校教育の中に取り入れられてきた。他方で，時間的な制約の中でのカリキュラムの構成，学力や進学の問題，特別な支援の必要な児童生徒への合理的な配慮など対処すべき課題も多い。こうした課題に配慮しつつ，ICTの技術を活用しながら，児童生徒がクラスや学校で主体的，協同的に学び合う文化を創造し，それを活用していけるよう教育心理学の知見を教育に活かしていくことが望まれる。

参考文献

市川伸一編著（2010）『発達と学習－現代の認知心理学5』北大路書房.

（湯澤正通）

┃Q2　教育の目標と課題を達成し，解決するための教育心理学の役割を説明しなさい

1．科学技術の進歩と活用

　2020年に新型コロナウイルス感染症（COVID-19）のパンデミックが世界で起こり，人々は外出を自粛することを余儀なくされている。テレビのニュースでは，ウイルス，免疫，抗体といった用語を耳にする。COVID-19にどのように感染するのか，それを防ぐにはどうしたらよいかなどを理解しないと，いつの間にか自分が感染するだけでなく，他人にもウイルスを広めることになる。こうした身体の免疫の仕組みは，学校の理科の授業で学ぶことであり，その知識を生かして，COVID-19のニュースを理解し，専門家のアドバイスに沿って行動することが，科学的リテラシーであり，今日の学校教育の目標とする活用である。

　学校教育法第30条第2項には，以下のように規定されている。

　「基礎的な知識及び技能を習得させるとともに，これらを活用して課題を解決するために必要な思考力，判断力，表現力その他の能力をはぐくみ，主体的に学習に取り組む態度を養うことに，特に意を用いなければならない」。

2　自己制御学習とメタ認知

　「主体的に学習に取り組む態度」を教育心理学の用語で言い換えると，自己制御学習である。自己制御学習とは，児童・生徒が自分で自らの思考，気持ち，行動をコントロールしながら，目標の達成に向かって学習（問題解決）を進めていくことである。数日後の試験に向けて，学習計画を立て，やる気を奮い立たせて，集中し，効果的に学習を進めることである。

　自己制御において重要な役割を果たすのがメタ認知である。メタ認知は，自分を知り（モニタリング），自分を律する（コントロール）ことであるが，次の働きはメタ認知によるものであり，学習意欲，基礎基本の定着，思考力

を促している。第一に，授業で勉強したことで，十分理解できなかった点に気づき，教科書を再度読むなどの適切な行動を取ることができる。第二に，授業で勉強したことの中で，大切なところや自分にとって興味のあるところに気づき，問題を何度も解いて解き方をしっかりと身につけるなどの行動を取ることができる。第三に，授業で勉強したことと日常生活での問題との関連性に気づき，問題解決に役立てることができる。

3．チーム学校の中での教育心理学

2015年12月の中央教育審議会（答申）【骨子】「チームとしての学校の在り方と今後の改善方策について」の中で，以下のように述べられている。（https://www.mext.go.jp/b_menu/shingi/chukyo/chukyo0/toushin/attach/1366271.htm　2020年9月23日閲覧）

「学校が，複雑化・多様化した課題を解決し，子供に必要な資質・能力を育んでいくためには，学校のマネジメントを強化し，組織として教育活動に取り組む体制を創り上げるとともに，必要な指導体制を整備することが必要である。その上で，生徒指導や特別支援教育等を充実させていくために，学校や教員が心理や福祉等の専門スタッフ等と連携・分担する体制を整備し，学校の機能を強化していくことが重要である」。（下線は筆者が付加）

子どもは，最初から独力でメタ認知を発揮し，自己制御的に学習ができるわけではない。子どもが自分を見つめ，自分の理解をチェックできるような支援，そして子どもが自ら必要な行動に気づき，より効果的な行動をとれるような支援を教師から受ける必要がある。そして，その支援の方法は，子どもの個性に応じて様々である。特に，発達障害などの特性や家庭環境の影響などを考慮する必要がある。このような「複雑化・多様化した課題を解決し，子供に必要な資質・能力を育んでいくためには」，もはや教師一人の力では難しい。学校がチームとなり，そこに教育心理学の専門家も参加し，一緒に課題に取り組んでいくことが重要である。その問題解決が，現在の教育心理学の役割である。

（湯澤正通）

Q3 教育心理学の主要な研究方法を取り上げ，それぞれの利点と限界を述べなさい

1. 観察法

　観察法は，対象となる人間の行動を観察することを通して，その対象の心についてのデータを取得する研究方法である。観察の方法としては，時間見本法，場面見本法，事象見本法，日誌法といったものがある。時間見本法とは，ある一定の時間内あるいはある時点において，観察のターゲットとする行動の生起頻度を記録する方法である。場面見本法とは，日常生活における特定の場面を選択し，その場面における行動を記録する方法である。また，事象見本法とは，ある特定の事象や行動に焦点を当て，その経過を記録する方法である。最後の日誌法は，特定の個人について，日常場面における行動を長期にわたって記録する方法である。

　また，観察法は，観察場面に対する関与の在り方の観点から分けられる場合もある。その場合，観察法は，自然観察，実験観察，参与観察に分けられる。自然観察では，観察場面に対して人為的な操作を行わず，その場で自然に起こったことを記録する。これに対して実験観察では，何かしらの刺激を用意し，その刺激に対して対象者がどう反応するかを記録する。参与観察は，観察者が対象と積極的に関わりながら観察・記録を行う。

　観察法の利点は，言語を介さず実施できるため，乳幼児など言語発達が未熟な対象のデータを取得することが可能という点である。ただし，観察の対象が行動であるために，行動に現れてこない，対象者の内面的に深い部分について把握することは難しいという限界もある。

2. 実験法

　実験法は，ある行動とそれを引き起こす要因との因果関係を明らかにする研究方法である。実験法においては，何らかの操作が施された実験条件と，

操作が施されない統制条件が設けられる。実験条件と統制条件における結果を比較し，条件間における行動が異なっていたことをもって，操作によって，つまり設定した要因によって行動に影響がもたらされたと結論づける。ここで，実験において想定している要因を独立変数，その結果として想定している行動を従属変数と呼ぶ。実験条件・統制条件の設定にあたっては，剰余変数（独立変数以外に従属変数に影響を及ぼす要因）による影響を取り除くため，想定している要因に関わる要素のみが条件間で異なるようにする必要がある。何らかの教育法や介入手法の効果を検討するために，特定の教育法や介入法を実施する条件と，そういったことを特に行わない条件を設け，対象者を各条件へランダムに配置し，条件間における結果の比較を行う方法は，実験法に該当する研究方法である。

　実験法の利点は，剰余変数の影響を取り除くことができるため，因果関係について明確な結論を得ることができる点である。ただし，剰余変数の統制を厳密に行った実験場面は非日常的なものになりやすいため，その実験で認められた因果関係がどの程度日常場面に一般化できるのかという生態学的妥当性が問題になる場合もある。

　また，実験法では，対象者の行動を直接測定できるため，無意識の行動を扱うことができるという利点もある。ただし対象者に実際に行動を起こさせる研究方法であるため，反社会的行動等，倫理的な観点からその行動をとらせることに問題があるようなテーマは扱うことができないという限界もある。

3．調査法

　調査法は，対象者に何らかの質問を行い，それに対して回答を得ることで対象者の心についてのデータを取得する研究方法である。調査法の多くは，紙に質問項目を印刷し，その紙（質問紙）に対象者が回答を書き込む形をとるが，近年ではWEBを介して実施されることも増えている。

　調査法には，一時点で調査を実施する横断的調査と，複数時点で調査を実施する縦断的調査がある。横断的調査では，概念間の相関関係を検討することは可能であるが，一時点におけるデータ採取であるため，測定した概念に

ついての時系列的な変化・影響関係について明確な結論を得ることはできない。これに対して縦断的調査では，同一の対象者を追跡するため，時系列的な変化・影響関係について検討することが可能である。

　調査法においては心理尺度が用いられることが多いが，ここで使用する尺度は，妥当性と信頼性を備えている必要がある。妥当性とは，心理尺度として設定した質問項目が測定したい概念を正確に測っている程度を指す。たとえば，調査対象者のある特性について測定するとき，設定した質問項目によってその特性を測ることができるか内容を吟味する作業は，妥当性についての検討である。これに対して，信頼性は，測定した項目によって得られる結果の安定性や一貫性の程度を指す。例えば，ある特性について測定を行う際に，測る度に結果が大きく異なる，結果の安定性が低い質問項目は，測定の誤差が大きいと考えられるため，信頼性の低い項目とみなされる。また，調査法では1つの概念を測定する際に複数の項目を用いることがあるが，項目間で測定結果がばらばらで一貫性がない場合にも，誤差が多分に含まれている可能性があるという点で信頼性が低いとみなされる。

　調査法は，先述の観察法や実験法とは異なり，実際の行動を測定するのではなく，言語を用いて質問し，回答を得る方法のため，比較的広範囲の事象を扱うことが可能である。例えば，実験場面として設定することが難しい事象であっても，調査法であれば，その場面におかれたとしたらどう行動すると思うかを尋ねるという形で，仮想的な行動データを取得することができる。また，比較的低コストで実施できるため，サンプルサイズの大きなデータを得ることが容易という利点がある。

　調査法の限界は，言語を使用している点にある。言語を使用するために，例えば，乳幼児など言語発達が未熟な対象のデータを取得することは難しい。また，調査でどの表現を使用するかによって，大きく結果が変わるリスクもある。例えば，いじめについて調査を実施する場合，「いじめ」という表現を質問項目で用いるか否かによって回答は大きく異なるだろう。調査法でデータを取得する際には，使用する表現に注意が必要となる。

4．面接法

　面接法は，インタビュアーが質問し対象者がそれに回答するという会話を通して，対象者の心についてのデータを取得する研究方法である。言語を使用して対象者に質問をするという点では調査法と類似しているが，面接法では，質問に対する対象者の反応を直接観察できるため，口調や表情，声のトーン等の非言語的な反応をデータとして得ることができるという点が異なる。また，質問に対する理解度を直接口頭で確かめることができる，会話の流れに応じて質問の仕方等を柔軟に変化させることができるという点も調査法とは異なる特徴である。

　面接法には，構造化面接，半構造化面接，非構造化面接に大別される。構造化面接とは，あらかじめ質問の内容や順序，面接者の応答の仕方，回答の形式等を定めておき，全ての対象者が同じ手続きで質問に答えていく方法である。これに対して半構造化面接では，大まかな質問内容はあらかじめ決めておくものの，質問・回答の手続きは会話の流れに応じて柔軟に変更する。最後の非構造化面接は，面接者との長時間に渡る語り合いの中で質問への回答を対象者が自由に語る方法である。

　面接法は，感情や価値観等，内面的に深い個人的な内容を扱うことができるという利点がある。ただし，面接者と対象者とが直接顔を合わせて会話をするという形式上，面接法では匿名性が失われやすい。そういう状況で内面的に深い個人的な話をさせることが対象者にストレスを与える場合もあるため，実施にあたっては対象者への倫理的配慮を十分に行う必要がある。また，面接者の応答の仕方が回答に大きな影響を与えるような話題を扱う場合には，一貫した応答ができるよう，面接者が十分に訓練を行う必要がある。

　面接法の限界としては，コストがかかる方法であるため，一度に多くのデータをとることが難しい点があげられる。また，会話を重ねることで対象者の心を把握する方法であるため，対象者にある程度の言語能力（理解力・表現力）があることが前提となる。また，対象者が意識化・言語化できるテーマでなければ扱うことができないという限界もある。　　　　（蔵永　瞳）

第2章

人間の発達と教育

▌Q4　ピアジェの考えによると，子どもはどのよう　　　に発達するのか述べなさい

　ピアジェ（Piaget, J.）は，子どもの認識や思考を生物学的観点から解明することを試みた，20世紀の中で最も影響力の大きい心理学者の1人である。彼の研究方法は，実験を交えながら実際のやり取りの中で子どもの認識や思考を引き出す臨床法を用い，具体的な子どもの概念形成や論理的思考の姿を明らかにした。その代表的なものとして，認知発達段階説とシェマと同化，調節について取り上げる。

1．認知発達段階説

（1）感覚運動期（0〜2歳）
①循環反応
　この時期は，感覚運動（五感）を用いて周囲の環境に働きかける姿がよく見られる。例えば，赤ちゃんの頃によくする指しゃぶりは「同じことを何度も繰り返しながら，自分の身体やものを理解していく反応」であり，これを「循環反応」という。
　循環反応には，第1次循環反応（身体の一部に向けた行為を繰り返す：(例) 指しゃぶり），第2次循環反応（偶発的な対象操作を繰り返す：(例) 延ばした足に当たった玩具から音がしたので，何度も足を当てようとする），第3次循環反応（手段を変化させて結果の違いを確かめる：(例) 机の上から積み

木を落としたり，投げたりする）という３つの段階がある。

②対象の永続性の獲得

　月齢の低い乳児は，目の前で玩具を布で隠されると反応がなくなったり泣いたりして布を取り去ろうとしないが，大きくなると布の中に手を入れて玩具を取り出そうとする。このように「対象物が目の前から見えなくなっても存在し続ける」という認識のことを「対象の永続性」という。

③表象機能の獲得

　表象機能とは，目の前にないものを思い浮かべる心の働きのことである。対象の永続性の獲得以降，実物がなくてもイメージする力が育っていき，次第に「イヌ」という言葉を聞いて，頭の中でイヌを思い描くなど，最初から目の前にないものでも対象物のイメージを思い描くことが可能になる。

（２）前操作期（２〜６歳）

①象徴機能の発達

　象徴機能とは，目の前にないものや現実にないものを他のものに置き換えて表現する力のことである。これは，現実世界しか見えていなかった子どもが，想像の世界で遊ぶことができるようになることを意味する。例えば，空のコップでお茶を飲むフリをする，お母さんになって友達と家族ごっこをする，などが挙げられる。

②自己中心性

　この時期の子どもは，まだ客観的なものの見方は難しく，物事を主観に基づいて考えていることが多い。これは，相手の立場から物事を考える力が弱いことを意味する。この特性を自己中心性という。例えば，３歳児が友達を叩いてしまった場面で，先生から「叩かれた相手の気持ちを考えてごらんなさい」と注意されたとしても，相手の気持ちの理解はまだ難しいと言える。

（３）具体的操作期（６〜12歳）

①脱中心化

　自己中心性であった物事の見方から抜け出し，他人の視点から客観的に物事を捉えることができるようになる。これを「脱中心化」という。脱中心化は，友達関係の形成や学校のルール理解，道徳性の発達，抽象的概念の理解

など，多岐にわたり影響を与える発達である。

②保存の概念

　「物の数量は，たとえその形が変わったとしても同じままである」という理解のことを「保存の概念」という。保存の概念を獲得すると，2つのコップに入っている同量の水をそれぞれ形の違う器に移し替えたときに，器の形が違っていても中に入っている水の量は変わらないことを理解することができる。この理解は「水が冷えると氷となるが，氷に熱を加えると元の水に戻る」といった，ある条件で形が変わっても，反対の条件を与えれば元に戻るという理解につながる。これを可逆性の獲得という。

（4）形式的操作期（12歳以降）

　この時期に入ると，具体的な体験に基づかなくても形式的な記号等を用いて，物事を論理的に考えることができるようになる。例えば，度重なる高齢者ドライバーの運転事故の報告から，「高齢者ドライバーは運転事故を起こしやすい」という仮説をたて，事故データの分析からその仮説が正しいかどうか検証する，などがある。

2．シェマと同化，調節

（1）同化と調節

　ピアジェは「物事を判断する枠組み」のことを「シェマ」と名付けた。例えば，犬を見て「犬」と判断するのは，頭の中に犬と判断する枠組み（4本脚，ふさふさの毛，「ワン」と吠えるなど）を持っているからである。このように，今持っているシェマに当てはめて対象を理解することを「同化」と言う。一方で，未知の対象に出会ったときに，今持っているシェマでは理解（同化）できないこともあり得る。例えば，4本脚で毛むくじゃらなのに「ニャー」と鳴く生き物は，猫だと判断しなければならない。このような場面で現存のシェマを作り変えることを「調節」という。人間の発達とはまさしく，シェマを用いながら同化と調節を繰り返す営みに他ならないと言えよう。

（2）構成主義

　ピアジェの有名な言葉に，「子どもは小さな科学者」という言葉がある。

この言葉は，子どもが環境を探索しながら，同化と調節を通して，自らシェマ（認知構造）を構成していくことを表現したものである。環境には，普遍構造があるとする。猫が「ワン」ではなく，「ニャー」と鳴くのは，もちろん，文化によって聞こえ方は違うものの，動物（猫）の普遍的な特性である。「ニャン」と鳴く動物を「犬」として同化していた子どもは，いずれ，それが「犬」ではなく，「猫」であることに気付き，「調節」することによって，シェマを作り替えていく。つまり，ピアジェによると，子どもは，発達とともに，環境と関わりながら，同化と調整を通して，環境の普遍的構造を認知構造（シェマ）に取り入れてく。「1＋1＝2」「猫は4本足で歩く」といった環境の普遍構造は，文化に関わらず共通であるため，文化によって，発達段階の進み方に遅速はあるものの，感覚運動期，前操作期，具体的操作期，形式的操作期といった同じ段階を踏んで発達していくと考える。前操作期の子どもは，見かけに惑わされ，同じ数のビーズ玉のうち，長い方のビーズ玉の方が多いと判断するが，具体的操作に移行するとともに，長さの次元だけでなく，ビーズの間隔の次元も考慮に入れて，ビーズ玉の数を論理的に判断できるようになる。

　ピアジェの発達段階説に関しては，様々な批判やそれに反するデータを示す研究がたくさんある。しかし，自らシェマ（認知構造）を構成していくと考えるピアジェの発達のメカニズムの考えは，「構成主義」として，今日の教育理論に大きな影響を与えている。

参考文献

滝沢武久（2008）「ジャン・ピアジェの死－序にかえて」白井桂一編『ジャン・ピアジェ人間諸科学の認識論　要約』西田書店.

Piaget, J.（中垣 啓訳）（2007）『ピアジェに学ぶ認知発達の科学』北大路書房.

（入江慶太）

Q5　ヴィゴツキーの考えによると，教育が効果的なのはどのような時期か述べなさい

1．社会文化的アプローチ

　旧ソ連の発達心理学者ヴィゴツキー（Vygotsky, L. S.）は，発達とは個人の中で生じるものではなく，大人や年長者など，他者とのかかわりを通して生じるものと考えた。例えば，子どもにとってことばは最初，大人とのやりとりの中で使用されるものであるが，次第に自分の内面に取り込まれ，自分自身の心の中でもう1人の自分と対話するために使われるようになる。幼いときに他者との間でコミュニケーションの道具として用いられていたことばがやがて，個人の中で思考の道具として機能するにようになるのである。

　他者とやりとりを重ねながら，社会や文化で使用されている知識や技能を自分のものにしていくプロセスこそが発達であると考えたヴィゴツキーのように，社会や文化とのつながりの中で発達を捉えようとする視点は社会文化的アプローチと呼ばれる。発達における周囲とのかかわりを重視する社会文化的アプローチの視点は，どのような教育が効果的なのか，つまり，子どもの確かな学びや育ちを保障するにはどのような働きかけが重要なのかを考える上での重要なヒントを提示してくれる。

2．発達の最近接領域

（1）現在の発達水準と明日の発達水準

　ヴィゴツキーは子どもの発達を捉える際に，今，その子が1人で何をできるのかという現在の発達水準よりも，大人や仲間との協同のなかでどのようなことが達成できるのかという明日の発達水準を重視した。そして，現在の発達水準と明日の発達水準との隔たりを発達の最近接領域と呼び，この領域，つまり自分1人では達成できないが，他者の支えがあると達成することができるような範囲の活動に取り組むことで，次第に自分1人でも達成する

ことができるようになり，発達が生じると考えた。

　アナログ時計から時間を読み取ることが難しい小学校1年生の教室の時計には，「時」を示す1〜12の数字の横に「5」「10」「15」……と書かれた紙が貼られていることがある。これは子どもが時計の長針を見て時間を理解できるようになるための1つの援助と言える。「長い針が6になったらお片づけしましょうね」と言われながら生活してきた子どもたちは，その時計を見ながら「長い針が6になると30分なんだな」と社会生活を送るうえで欠かすことのできない「時計を見て時間を読み取る」という知識を次第に自分のものにしていくのである。

（2）学習者自身の興味・関心

　このようなアナログ時計が幼稚園の3歳児クラスにあったとしても，同様の発達が見られるわけではない。3歳児クラスの子どもにとって，アナログ時計を見て時間を読み取るというのは，たとえ保育者が「分」を示す数字について丁寧に説明したとしても理解することが難しい課題，つまり，明日の発達水準をはるかに超えた水準の課題と言える。そのため，3歳児クラスの子どもたちはアナログ時計の読み取りには興味を示さないか，示したとしても持続しないと考えられる。

　一方，このような時計が小学校6年生の教室にあったとしても，3歳児クラスの子ども同様，興味を示す子どもはいないであろう。なぜなら，その教室にいる子どもたちにとって時間の読み取りは，誰の助けを借りなくても達成できる簡単な課題，つまり現在の発達水準に含まれる課題と考えられるからである。

　3歳児クラスの子どもにとっても，小学校6年生にとっても，アナログ時計を見て時間を読み取るという課題は発達の最近接領域の範囲から外れていることが分かるが，このような場合，子ども自身が興味を示さないことが多い。ある課題に対して子どもが興味や関心を向けているかどうかは，その課題が，その子どもにとって発達の最近接領域に含まれるかどうかを判断するための1つの目安となりうる。

3．教育が効果的なのはいつ？

　社会や文化との関係の中で子どもの発達を捉え，現在の発達水準ではなく明日の発達水準に目を向けたヴィゴツキーの考えに従うと，教育が効果的になるのは，教師や保育者が発達の最近接領域に対して働きかけているときといえる。子ども自身の現在の能力や知識，および興味や関心を無視した働きかけではなく，ある課題や活動に対して，子どもが「あれは何だろうか？」「どういうことだろうか？」「どうやったらできるのかな？」と興味を持っているときに，大人から適切な援助が行われると，その子どもにとっての発達が生じると考えられる。

　しかし，子どもの興味や関心と大人が学ばせたいと考えていることは必ずしも一致するわけではない。特に小学校以降の学校教育では学習指導要領に沿った教育が求められるため，子どもの興味・関心に寄り添うだけだと授業が成立しなくなってしまう。そこで重要となるのが，関心を引き付けるような工夫を導入場面に取り入れたり，理解度の異なる子どもたちで話し合うような活動を行ったりするなどして，発達の最近接領域に含まれる活動を作り出すという視点である。

　このように，大人が子どもの現在の発達水準に目を向け，発達の最近接領域に応じたかかわりができるとき，あるいは発達の最近接領域を作り出すことができたとき，効果的な教育が実現すると言える。

参考文献

中村和夫（2004）『ヴィゴーツキー心理学完全読本－「最近接発達の領域」と「内言」の概念を読み解く』新読書社．

柴田義松（2006）『ヴィゴツキー入門』子どもの未来社．

ヴィゴツキー, L. S.（土井捷三・神谷栄司訳）（2003）『「発達の最近接領域」の理論－教授・学習過程における子どもの発達』三学出版．

（牧　亮太）

Q6 初期の言語習得における生得性と母子の相互作用のそれぞれの役割と意義について論じなさい

　子どもは言葉を話さない段階から，あらゆる手段を使って大人とのコミュニケーションを図り，その中で徐々に言語を獲得していく。子どもにとって一番身近にいる大人（主に養育者）との相互作用が，言語習得に果たす役割は非常に大きいと言える。

1. 前言語的コミュニケーション

　言語は，人と人とがコミュニケーションを図る非常に重要な手段の1つであるが，生まれたばかりの赤ちゃんが言葉を発することはできない。こうした言語を獲得していない時期に，表情や発声，注視等で大人とコミュニケーションを図る行為を「前言語的コミュニケーション」という（図2-6-1参照）。

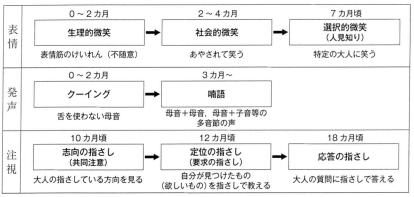

図2-6-1　前言語期の主なコミュニケーション（筆者作成）

2. マターナル・デプリベーション（maternal deprivation）

　母子の相互作用に関して，イギリスの精神科医ボウルビィ（Bowlby,J.）が提唱した概念であり，「母性剥奪」を意味する。ここで言う「母性」とは，

広く養育者を意味し，母親に限定されるものではない。幼少期に愛情に満ちた関係を築く対象がいないことにより，大人との相互作用や健全な心身の発達が著しく阻害された状況のことを指す。

授乳や排泄の処理など，幼少期の日常生活の中で行われる養育者の温かく適切な関わりや声かけは，子どもに安心感を与え，大人に対する基本的信頼感を形成させる。この心理的・情緒的な安定感が，言語習得を含む心身の様々な発達に大きな役割を果たす。こうした発達の促進の弊害となるのが，マターナル・デプリベーションである。

マターナル・デプリベーションが発生する原因は，社会情勢や個人特性（子ども・養育者）などが複合的に関連しつつも，第一義的には大人にある。前述の子どもに与える影響のほか，養育者の育児行動が発揮されないことにより，育児能力の向上が困難になるという点も見逃してはならない。

3．臨界期

臨界期とは，神経の可塑性（変化）が生涯で一度だけ，一時的に強まる生後の限られた時期のことであり，その時期に適切な経験（学習）を行うことが最も効果的であるとされる。例えば，視覚や聴覚等の感覚系はある一定の時期に可塑性が高まりそれぞれの機能を獲得するが，その時期を過ぎた後は一生涯，自然獲得できないことが分かっている。

言語習得においては，1967年にレネバーグ（Lenneberg, E.H.）より提唱された「臨界期仮説」が有名である。彼によれば，失語症児の母語の習得訓練の過程から，言語習得の臨界期は12 〜 13歳頃としたが，未だ結論付けられていない。また，現在では，第二言語習得の臨界期研究も盛んに行われている。

参考文献

菊野雄一郎（2016）「子どもの育ちを支えるもの」菊野春雄編著『乳幼児の発達臨床心理学　理論と現場をつなぐ』北大路書房.

（入江慶太）

Q7 初期の親子関係や愛着がその後の発達に及ぼす影響について論じなさい

1. 愛着の発達

(1) ボウルヴィ（Bowlby, J.）の愛着理論

①愛着の定義と愛着行動

　愛着（attachment）とは，特定の他者との間で形成される情緒的絆を指す。愛着の基礎となる行動には，定位行動（愛着対象者の姿を視覚・聴覚的に捉える），信号行動（泣きなどによって愛着対象者からの接近を維持する），接近行動（抱きつくなどして愛着対象者に近づく）の3つがある。

②愛着関係を強める母子相互作用

　愛着関係は，日々の母子相互作用の積み重ねによって形成され，強くなる。このとき，注目すべきは，乳児に対する母親の敏感性である。乳児の泣きに敏感で適切に応答した母親の子どもよりも，泣きに応じなかった母親の子どもの方が，1年後に「よく泣く子」になるという。つまり，泣きにはコミュニケーションとしての役割があり，発達初期において，母親の敏感性が低いために，泣きを無視され続けた子は，その後のコミュニケーション発達にも難しさを抱える可能性がある。しかし，愛着関係は親からの一方向的な働きかけのみによって成立するものではない。発達的悪循環モデルによると，親子の双方向的な働きかけが，愛着関係をつくり，その質を規定するのである。

③愛着の発達段階

　愛着には4つの発達段階がある。第1段階は，人物の識別を伴わない定位発信段階（誕生から生後3ヶ月頃まで）で，乳児は母親と他人をまだ見分けることができない。第2段階は，1人/数人の特定対象への定位発信段階（生後6ヶ月頃まで）であり，乳児は母親や家族とそれ以外の他者を少しずつ見分けられるようになる。第3段階は，発信，移動による特定対象への接

近維持段階（生後2，3歳頃まで）であり，母親への接近行動，信号行動が顕著になり，また，見知らぬ他者への不安，すなわち人見知りが始まる。第4段階は，目標修正的協調関係の段階（3歳以降）である。乳児は母親の状況を考え，母親と良いパートナーシップを築き始めるようになる。

（2）愛着の個人差

①愛着の測定：エインズワース（Ainsworth, M. D. S.）の研究

　ストレンジ・シチュエーション法は，新規状況における探索活動，母子分離，母子再会という3つの観点から，乳児を3型に分類することで，愛着の個人差を明らかにするものである。1つ目の安定愛着型は，母親と一緒のときには好奇心から探索活動を行い，母子分離時には悲しみ，母子再会時には喜びの感情を表出する。2つ目の，不安定/回避型は，一貫して愛着行動や情動表出を抑制する型，3つ目の不安定/抵抗型は，愛着対象者をそばに置いておこうと，常に愛着行動や情動表出を最大限示す型である。近年の研究では，これら3型に加え，整合性や一貫性のみられない無秩序型に分類される乳児の存在が指摘されている。

②愛着の内的ワーキングモデル

　愛着の質は，他者からの愛情の享受や，自己の要求に対する他者からの応答についての確信に影響する。このような自己と他者に関する表象モデルのことを，愛着の内的ワーキングモデル（IWM）という。自己の要求に対する他者からの受容を確信する表象をもつ安定愛着型とは対照的に，不安定/回避型の子どもは，他者からの拒否を予期しやすい表象を，不安定/抵抗型の子どもは，他者受容される自己像を思い描くことができないという表象をもつ。IWMは，高い時間的安定性，連続性を保つとされている。

参考文献

Ainsworth, M. D. S., Blehar, M. C., Waters, E. & Wall, S.（1978）Patterns of attachment: *A Psychological study of the strange situation.* Lawrence Erlbaum.

Bowlby, J.（1969）*Attachment and loss,* Vol. 1, Attachment. Basic.

（芝﨑美和）

1．バンデューラ（Bandura, A.）の社会的学習理論における社会化

社会的学習理論とは，社会的行動は，賞罰による社会的強化の随伴性とモデリングによって，社会的に学習されるというものである。

（1）モデリングによる社会的行動の習得

モデルの観察（モデリング）による社会的行動の学習（観察学習）は，2・3歳児において既に見られる。例えば，18 ～ 30 ヶ月児では，掃き掃除を手伝うよう言葉で伝えたり，命令したりするよりも，母親が子どもに近づき，目の前で掃き掃除をしたときの方が，お手伝いをする子どもの割合が高いことが明らかにされている。こういった，大人や年長児の行動のモデリングによって，子どもは新しい行動レパートリーを獲得していく。

（2）代理強化による社会的行動の習得

道徳行動など，子どもに習得を促したい行動について，その行動を示した他児が正の強化（褒賞）を与えられる場面を目撃した子どもは，物質的報酬（シールなど）や賞賛，他児からの社会的承認といった強化子に魅力を感じ，他児と同様の行動を示すことがある。反対に，社会的逸脱行動については，叱責や罰，ペナルティといった負の強化を与えられた他児を観察することで，行動の生起が抑制される。このように，正/負の強化を与えられた他児の観察は，正/負の強化の予測を通して，社会的行動を行う傾向を強める（代理強化）ことがある。

（3）社会的学習理論における善悪の捉え方

バンデューラの社会的学習理論では，行為自体に善悪はなく，強化の随伴性によって，社会的行動の獲得が促される。個人の置かれている社会，文化，状況，すなわち文化規範に結びついた価値によって，「善いこと」「悪いこと」は異なるのである。したがって，他児を傷つけることが周囲から承

認，賞賛される状況では，他児への攻撃行動は肯定的に評価され，攻撃行動に対して正の強化を与えられた他者を観察した子どももまた，他児を攻撃するようになる。このように，社会的学習理論では，文化規範に基づく価値に基づき，社会的強化の随伴性とモデリングによって社会化が促される。

2．コールバーグ（Kohlberg, L.）の認知発達理論における社会化

認知発達理論とは，認知的側面に着目し，発達段階を基礎として社会的行動を説明するものである。このうち，コールバーグの認知発達理論は，道徳的認知構造内の矛盾－再組織化という均衡化の過程を重視し，道徳性について，判断の背景にある認知構造から普遍的な発達段階を示すものである。

（1）道徳性発達段階－コールバーグ

コールバーグの発達段階は，役割取得，道徳葛藤，道徳的認知構造の再組織化といった基本的枠組みのもと構成されている。発達段階は，道徳葛藤に対する回答から，3水準6段階に分けられる。前慣習的水準には，自己欲求希求志向，罰回避，従順志向，道具的相対主義志向が含まれる。道徳的な価値は，人や規範ではなく外的，物理的な結果や力に求められる。慣習的水準には他者への同調，「良い子」志向，法と秩序の維持志向がある。道徳的価値は，良い/正しい役割を遂行すること，慣習的な秩序や他者からの期待を維持することである。脱慣習的水準（原則的水準）には，社会的契約，法律尊重および個人の権利志向，普遍的な倫理的原則志向が含まれる。現実の社会や規範を超えて，妥当性と普遍性をもつ原則に志向し，自己の原則を維持することに道徳的価値が置かれる。

（2）倫理的相対主義・倫理的エゴイズム

脱慣習的水準に到達するには，倫理的相対主義と倫理的エゴイズムという2つの見方に気づく必要がある。

①倫理的相対主義

社会組織を構成する規範は常に絶対的ではなく，相対的なものにすぎないといった考え方を，倫理的相対主義と言う。親，教師，法といった権威や慣習に基づき悪だと判断された行為は，子どもや子どもにとっての重要な他者

が，異なる環境と相互作用することによって，行為の特性を根拠に悪であると捉え直すようになる。このように，慣習と道徳の境界のどちらに解釈されるかは，社会的文脈に依存している。

②倫理的エゴイズム

　すべての規範は絶対的ではなく相対的であり，客観的に正しい行動などなく，自分の欲求や利益に基づいて行動するのが正しいという見方を倫理的エゴイズムという。ただし，他者や規則との釣り合いを取りながら，自分の欲求を満たすように行動することが，道徳的に正しい，とされる。

（3）認知発達理論における社会化

　コールバーグの認知発達理論は，役割取得と道徳的葛藤解決を核とする。そのため，道徳的逸脱行動についての仮想場面から，他者の感情や状況を推論し，結果を予測するといった経験を，異なる経験を持つ他者との間で共有することは，社会的知識の獲得に結びつく。様々な経験を持つ他者と討議することで，道徳的情報への気づきや，道徳的逸脱場面における他者の感情や負の結果についての予測が主体的，自発的に促されるようになる。こうした経験の蓄積によって獲得された社会的知識は，実際の道徳的葛藤解決にも活かされる。したがって，認知発達理論では，このような経験をいかに得られるかが，社会化を促す上で重要となる。

参考文献

明田芳久（1992）「バンデューラ」日本道徳性研究会編『道徳性心理学』
　　　北大路書房．

荒木紀幸編著（1988）『道徳教育はこうすればおもしろい　コールバーグ
　　　理論とその実践』北大路書房．

内藤俊史（1992）「コールバーグ」日本道徳性研究会編『道徳性心理学』
　　　北大路書房．

（芝﨑美和）

Q9　テュリエルの道徳の３つの領域の違いについて　説明しなさい

1．テュリエル（Turiel, E.）の領域別特殊理論

　児童期から青年期に移行する過程において，子どもは，大人や社会が示す規範や価値に疑いを持ち，「本当の正しさ」について考えるようになる。テュリエルによると，判断基準となる社会的知識は，道徳領域，慣習領域，個人領域の３領域で構成されている。

（1）道徳領域

　盗み，殺人，いじめ，詐欺，援助といった行為は，他者の幸福，公平，許されない行為，義務感，権利に基づいて善悪が判断されるもので，道徳領域に含まれる。規則や権威，他者の期待などとは無関係であり，場面や状況によらず，また，権威者がたとえ認めたとしても「悪」と判断される。それは，道徳領域における社会的知識の基盤が，正義や福祉の概念であることによる。

（2）慣習領域

　一方，慣習領域における社会的知識の基盤は，社会システムに関する概念である。したがって，家族，仲間集団，学校，会社といった社会組織の中での，秩序の維持や意見の一致に関する行為が，ここには含まれる。例えば，生活習慣，校則，常識・習慣からの逸脱，などである。慣習に基づく行為は社会的状況に相対的であるため，ある集団では認められた行為が，別の集団では認められないといったような事態もみられる。行為自体に善悪を規定する特性がないことから，恣意的であるとも捉えられるが，成員間の意見の一致と期待によって，集団は統制され，社会的関係は調整される。

（3）個人領域

　個人領域は，自己概念や他者の施行・感情に関する理解によって構成される。行為は，規則や権威とは無関係であり，自分自身に対してのみ影響力を持つ。趣味やサークル活動などがその例である。道徳領域や慣習領域の基礎

となる，正義や福祉の概念，社会システムに関する概念とは無関係であり，規則に縛られず，行為の善悪を判断できるのは，自己のみである。

（4）道徳領域と慣習領域の違い

道徳性の基盤が形成されるのは，幼児期である。フロイトの古典的精神分析学理論では，子どもはエディプス期において，同性の親との同一視によってその価値，判断基準を内在化し，超自我（スーパーエゴ）を形成する。本能的衝動（イド）を抑制する働きをもつ超自我は，親の価値，判断基準を内在化したものであるため，道徳領域における行為について，子どもは大人の導きを積極的に求め，また，逸脱行動に対する介入も受容しやすい。

一方，慣習領域における善悪の規準は，乳幼児期から，しつけや規則という形で権威者によって習得を促される。児童期，青年期に入り，規則は拘束的で他律的なものではなく，協同的で自律的なものであることに気づくと，権威者に対する客観的，批判的視点に基づき，規則や習慣の意味を捉え直し，設定し直そうとする。そのため，これまで通り規則を守らせたい権威者と青年との間で軋轢が生じる。両者の対立が解消されるのは，権威者が，青年の成長，自立を肯定的に捉え，権力に関する領域を再配置したときである。

道徳領域と慣習領域は，明確に分離するものではない。なぜなら，慣習領域では，規則や社会秩序は社会的，文化的環境に左右され，そして，権威者もこの環境の一部であるからである。そのため，権威者の示す規則によって禁じられていた行為であっても，その権威者が異なる文化，環境と相当作用することによって，子どもはその行為を道徳領域のものとして捉え直すことがある。2つの領域の境界は必ずしも明瞭ではなく，社会的文脈によって影響を受けるのである。

参考文献

Piaget, J. 1930 Le jugement moral chez l'enfant.（大伴茂訳）（1957）『児童道徳判断の発達　臨床児童心理学Ⅲ』同文書院.

首藤敏元（1992）「チュリエル」日本道徳性研究会編『道徳性心理学』北大路書房.

（芝﨑美和）

Q 10　児童期から青年期になると自己への見方がどのように変化するか説明しなさい

1．自己について

（1）IとMe

　自分について考えるとき，そこには自分のことを考えている自分と，自分によって考えられている自分の両方が存在する。ジェームズ（James, W.）は，前者を「知る主体としての自己（I）」，後者を「知られる客体としての自己（Me）」と呼び，自己の二重性を指摘した。また，客体としての自己は，身体の特徴や所有物などから自己を捉えた物質的自己，他者が自分に対して抱くイメージなどに基づいて形成される社会的自己，性格や能力，価値観などを含む精神的自己の3つの要素で構成されるとした。

（2）自己概念（self-concept）

　人は種々の経験を通して，自分に対する理解を深める。例えば，いつも走るのが速い人は「私は走るのが速い」と自分のことを考えるだろうし，人前に出るのが苦手な人は「私は引っ込み思案だ」と考えるだろう。このように，人が自分自身に対して客観的に抱いている考えやイメージ，自分自身についての一貫した認知のことを自己概念という。自己概念は，自分自身の観察や，その人に対する周囲の人々からの言動や態度，評価などを通して形成される。

（3）自尊心（self-esteem）

　自己に関する記述的側面（自分はどのような人間であるか）を自己概念と呼ぶのに対し，自己に関する評価的側面（そのような自分をどう感じるか）を自尊心と呼ぶ。自尊心は状態自尊心と特性自尊心の2つに区別される。状態自尊心とは，他者からの評価や課題達成の結果などに伴って一時的に変動する自尊心である。一方，特性自尊心とは，状況に左右されることの少ない，ある程度安定した個人特性として機能する自尊心である。

多くの場合，そこそこ高い自尊心を持つことが望ましいこととされており，精神的健康や社会的な適応，成功などと強い結びつきがあると考えられている。自尊心が低いと，何ごとも自信がなく，消極的になり，引きこもりや不登校などの社会的不適応に陥りやい。逆に，自尊心が高すぎても，周囲の評価に傷つき，周囲に攻撃的に振る舞うなど，不適応に陥りやすい。

2．自己概念の発達

（1）幼児期から児童期

　自己概念は幼児期（3歳頃）から形成されると考えられており，その時期の自己概念は「○○をもっている」といった所有感や「△△ができる」といった有能感が中心となっている。こうした自己概念は，児童期になるとさらに広がりや深まりを見せ，様々な側面から自己を捉えるようになる。

　例えば，保育園の5歳児や小学校2年生，4年生などを対象に，自分の様々な側面に関する質問をし，自分がどのような人物か語ってもらう。すると，年齢が上がるにつれて，「背が高い」「かわいい」「髪の毛が長い」などのような身体的・外的特徴についての回答が減少する。それに対して，「よくしゃべる」「規則を守る」のような行動や人格特性についての回答や，「勉強ができる」のような能力についての回答が増加する。また，年齢の増加とともに，自分を肯定的側面からだけでなく，否定的側面からも見るようになる。

　一般に，幼児期から児童期前期の子どもは自己を肯定的に捉えがちであり，自尊心も高い傾向にある。しかし，こうした子どもの自己概念は，先に述べたように，学年が進むにつれて肯定的な面だけでなく否定的な面も併せたものへと変化していく。これは，勉強や運動などにおいて，友人との優劣が比較され，認識されやすい小学校での生活が影響していると考えられる。児童期後期には，自分と他者を比べる社会的比較を行ったり，クラスの平均的なレベルを意識し，そのレベルと自分とを比べたりすることで，自分の能力やスキルの得手不得手について，客観的，相対的に捉えるようになる。児童期は，自己概念が明確化，相対化，客観化する時期だと言える。

（2）児童期から青年期

　児童期から青年期の時期には，社会や他者からの影響を受けることで，理想自己（こうありたいと望む自分）と現実自己（今のありのままの自分）との乖離が生じ，自己概念が大きく変容する。通常，誰でも，理想自己と現実自己の間には乖離があり，だからこそ，理想自己に向けて，青年は努力し，自己を磨こうとする。しかし，理想自己と現実自己のギャップが大きすぎると，努力しても無駄だという気持ちが生じ，それが劣等感を生み，自尊心や自己評価の低下を招き，何らかの不適応の原因となる。

　他者との比較や他者からの評価，理想と現実のギャップに敏感になる青年期は，自己の否定的側面に目が向きやすくなる，人生の中でもひときわ自尊心や自己評価が低い時期である。中でも，日本の中学生や高校生が，他国と比較して，否定的な自己像や未来展望を持つ傾向にあることや，自尊心や自己評価が低いことが様々な国際比較調査によって報告されている。自分自身に対する満足度が低く，不満を抱きやすい青年期においては，自分の長所と短所，理想と現実と向き合い，いかに自分を受け入れ，肯定的な自己概念を形成しながら，自分の生き方（アイデンティティ）を確立していくかが課題となる。

参考文献，URL

榎本博明（1998）『「自己」の心理学−自分探しへの誘い−』サイエンス社.
国立青少年教育振興機構（2015）「9 自分について」『高校生の生活と意識に関する調査報告書−日本・米国・中国・韓国の比較−』https://www.niye.go.jp/kanri/upload/editor/98/File/12.9.pdf 2020年6月19日閲覧.
佐久間（保崎）路子・遠藤利彦・無藤隆（2000）「幼児期・児童期における自己理解の発達：内容的側面と評価的側面に着目して」『発達心理学研究』11（3），pp.176-187.

（渡邉大介）

Q 11 青年は自己の生き方（アイデンティティ）を どのように模索し，確立するか論じなさい

　青年期は広く社会を捉え，社会の一員として自分がどうあるべきか考えたり，悩んだりする時期であるとされる。アイデンティティとは，「自分への確信」「納得できる自分」から「自分の生きていく方向性」といったものまで，幅広い意味を持つ言葉である。共通するのは「自分」であり，自分をいかに確立するかがキーワードになる。

1．エリクソンの心理社会的発達理論とアイデンティティの確立

（1）エリクソンの心理社会的発達理論
　エリクソン（Erikson, E. H.）は，人の一生を8つのステージに分け，それぞれのステージで獲得すべきもの（あるいは陥ってしまうもの）を「心理的危機」として設定した（表2-11-1参照）。

表2-11-1　エリクソンの心理社会的発達理論（小野寺，2009より）

段階		心理的危機 （左：獲得すべきもの　右：陥ってしまうもの）		
乳児期	0～1歳	信頼	対	不信
幼児前期	1～3歳	自律性	対	恥・疑い
幼児後期	3～6歳	自主性	対	罪悪感
児童期	6～12歳	勤勉性	対	劣等感
青年期	12～20歳	自我同一性	対	同一性拡散
成人前期	20～39歳	親密性	対	孤独
成人後期	40～64歳	世代性	対	停滞
高齢期	65歳～	統合	対	絶望

　青年期は主に思春期から成人するまでの年代で，心理的危機は「自我同一性vs同一性拡散」とされている。自我同一性はアイデンティティの確立，つまり，自分が何者であるかが分かり，納得して人生を歩んでいる状態を指

す一方で，同一性拡散は自分探しの旅の途中で，自分の果たす役割が明確になっていない状態を表す。

（2）モラトリアム

モラトリアムとは，戦争や天災等の非常事態時に，一時的な債務の支払い猶予を設定するという経済用語であるが，エリクソンがそれを青年期に当てはめ，「社会的な責任を猶予され，アイデンティティの確立を目指す時期」という意味で用いた。アイデンティティは確立に向けて一直線に向かうものではなく，様々な経験，学習，人との出会いの中で，時には無気力や無関心などの消極性の時代も生きながら，獲得されていくとされる。

現代は社会の変化が急速に進んでいる。一般に「情報社会」と言われていた時代は終わり，「Society 5.0」と呼ばれる「デジタル革新と人間の創造性を組み合わせた時代」が始まっている。AI（人工知能），IoT，ロボットの技術革新が進む中で，いま改めて「人間とは何か」が問われており，エリクソンがモラトリアムを提唱した当時とは違う，新たなアイデンティティを確立することが求められている。

（3）マーシアのアイデンティティ・ステイタス

エリクソンの影響を受けたマーシア（Mercia, J. E.）は，青年期のアイデンティティの状態を4つに分類した「アイデンティティ・ステイタス」を発表している（表2-11-2参照）。この表における「危機」とは「自分について悩むこと」を指し，「積極的関与」とは「行動を起こし努力すること」を意味している。この表から分かる通り，アイデンティティ確立とは，何事にも揺るがない自分を見つけることだけでなく，それに向けて努力している状態も含まれる。また，青年期に「アイデンティティ拡散」「モラトリアム」「早期完了」のそれぞれの状態にとどまり続けることが問題であって，一時的にそれらの状態にあることは大いにあり得ることである。アイデンティティの状態は絶えず揺れ動きながらそれぞれのペースで確立に向かう，という過程を理解しておく必要がある。

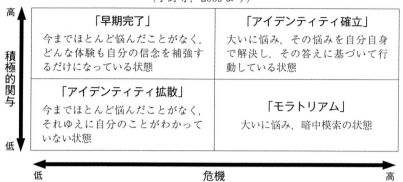

表2-11-2　青年期のアイデンティティの4つのステイタス（状態）
（小野寺，2009より）

	「早期完了」	「アイデンティティ確立」
積極的関与 高	今までほとんど悩んだことがなく，どんな体験も自分の信念を補強するだけになっている状態	大いに悩み，その悩みを自分自身で解決し，その答えに基づいて行動している状態
低	「アイデンティティ拡散」 今までほとんど悩んだことがなく，それゆえに自分のことがわかっていない状態	「モラトリアム」 大いに悩み，暗中模索の状態

低　　　　　　　　　　　危機　　　　　　　　　　　高

2．ハヴィガーストの発達課題

エリクソンの影響を受けたハヴィガースト（Havighurst, R. J.）も，人の一生を6ステージに分類し，青年期を中学生〜高校生の年齢に設定した。また，それぞれのステージの発達課題について，①身体的成熟に関するもの，②社会・文化的な規定に関するもの，③個人の価値や選択に関するもの，の3つの視点から6〜10項目を具体的に提唱した。

青年期の発達課題については，「同性・異性の友人を作り，成熟した人間関係を構築すること」「男女の社会的役割を学習すること」「養育者からの精神的な独立を果たすこと」「経済的自立に対する自信を確立すること」「職業の選択および準備をすること」「結婚や家庭生活の準備を行うこと」「社会人としての自覚や行動規範に関する倫理観を形成すること」を挙げている。

参考文献

エリクソン, E. H.（1971）（小此木啓吾訳）『自我同一性－アイデンティティとライフ・サイクル』誠心書房.

小野寺敦子（2009）『手にとるように発達心理学がわかる本』かんき出版.

ハヴィガースト, R. J.（1995）（荘司雅子監訳）『人間の発達課題と教育』玉川大学出版部.

（入江慶太）

Q12　子どもの発達における仲間関係の役割と意義を述べなさい

1．発達とともに変化する仲間関係

　私たちは成長するにつれて家族と過ごす時間が減少していき，仲間と共に過ごす時間が増えていく。小学生のときは通学路が同じであったり，放課後に一緒に遊んだりと近所の仲間と過ごし，中学生になると，好きなミュージシャンやテレビ番組など共通の話題についておしゃべりをする時間が増えていく。そして高校生や大学生になると，自分の将来や進路などについて共に語り合うことが多くなる。

　このように，仲間との付き合い方には発達による質的な変化がみられるが，仲間とのさまざまな関わりを通して私たちは社会生活を営む上で必要なスキルを身につけていく。

（1）ギャング・グループ

　仲間と過ごす時間が増加する小学生高学年ごろに特徴的な仲間集団はギャング・グループと呼ばれる。この時期の仲間集団は，同性・同年齢の比較的大きな集団で，同じ遊びや同じ行動が前提となっている。仲間と一緒に遊ぶことによって得られる一体感が重視され，親や先生の目を盗んで秘密基地などを作ったり，仲間同士でしかわからないようなルールや暗号を用いたりして，自分たちが仲間であることを確かめ合うような姿も見られる。大人の目の届かないところで集まるこのような仲間集団では，自分たちで集団を維持していかなければならない。そのため，集団内でトラブルが起こった場合は，自分たちだけで解決する必要がある。自分の考えを主張する，同じ考えの仲間を援護する，両者が納得のいく落としどころを探る，仲間の意見を渋々受け入れる，自分の非を認め謝罪する，新たなルールを作る，など社会生活を送る上で必要となる基本的なスキルを身につけていくのである。

（2）チャム・グループ

　青年期前期にあたる中学生でよく見られる仲間集団はチャム・グループと呼ばれ，共通性や類似性が重視される。この時期には，好きなテレビ番組の感想を言い合ったり，気になる異性についてお互いに話したりするなど，内面的なやりとりが見られるようになる。自分の心の中を打ち明けることは，誰にとっても簡単なことではない。特に，他者の目に映る自分を意識し始めた中学生にとっては，受け入れてもらえなかったらどうしよう，否定されたらどうしよう，という不安がつきまとってしまう。そのため，共通の趣味や似たような興味・関心を持つ仲間集団が重要となる。お互いに感じていることや考えていることが似ている仲間だからこそ，自分の感想や好みを受け入れてくれる可能性が高く，否定されたり批判されたりする可能性が極めて低いだろうと思えるのである。このように，お互いの共通性や類似性による安心感に支えられながら，自分の内面を相手に伝えるという経験，そして自分が聞き手となって相手の内面を受け止め，共感するという経験を少しずつ重ねていくのである。

（3）ピア・グループ

　青年期中期の高校生以降になると，それまで出会ったことのないような考え方を持つ人や世代の異なる人との交流も見られるようになる。このような仲間集団はピア・グループと呼ばれ，性別や年齢，そして価値観や生き方が様々なメンバーによって構成される。ここではチャム・グループでの経験を通して培われた自分の内面を表現する力や他者に共感する力を土台にして，価値観や生き方，価値観や生き方などをお互いに語り合うという姿が見られる。ときには互いの価値観や理想がぶつかり合うこともあるが，そのプロセスを通して他者との違いを実感したり，自分自身について見直したりしながら，自分自身の価値観や生き方をより確固たるものにしていく。それと同時に，仲間関係自体も，違いを認め合い，お互いを1人の人間として尊重し合う関係へ発展していく。この時期に築き上げられた信念や生き方，あるいは異質性に対する態度は，その後の長い人生を支える屋台骨となっていく。

2．現代における仲間関係

　従来，小学校時代のギャング・グループから始まり，中学生になるとチャム・グループ，高校生以降にはピア・グループへと子どもの仲間関係は変化すると考えられていた。しかし，少子化による遊び仲間の減少，放課後の過ごし方の変化，遊ぶ場所の減少など，子どもを取り巻く環境の変化により，小学校時代のギャング・グループが失われてきている。つまり，仲間関係を築いたり，維持したりするための基本的なスキルを身につける場が子どもたちから失われているのである。その結果，中学生になってもお互いの内面を打ち明け合うことを十分に経験しなかったり，大学生になっても自分と似ている友人ばかりと関わり，異質性を受け入れる経験が乏しかったりするなど，小学校以降における仲間関係も変容してきている。

3．子どもの発達における仲間関係の役割と意義

　私たちは小学校高学年以降の仲間との関係の中で，将来，社会生活を営む上で必要となるスキルを少しずつ，段階的に身につけている。そのため，子どもの発達において仲間関係は，社会的なスキルの学習機会を提供する役割を担っているといえる。グローバル化がさらに進展し，多様な他者と出会う場面が増えるにつれ，異質性を許容したり，自分とは異なる他者に対して自分の考えを伝えたりするスキルは，これからを生きる人々にとってさらに必要となるであろう。この意味において，今後，子どもの発達における仲間関係の意義はより大きなものになると言える。

参考文献

保坂亨・岡村達也（1986）「キャンパス・エンカウンター・グループの発達的・治療的意義の検討－ある事例を通して」『心理臨床学研究』4, pp.15-26.

岡田努（2007）『現代青年の心理学－若者の心の虚像と実像』世界思想社.

（牧　亮太）

第**3**章
学習の基礎理論

┃ Q 13　教育における行動主義理論の役割と意義について述べなさい

1．行動主義理論

　行動主義理論とは，人や動物の行動を環境や外的刺激（S：stimulus）とそれに対する反応（R：response）の連合によって説明しようとしたものであり，S‐R理論とも呼ばれる。心理学では「ある行動が繰り返されることによって生じる比較的永続性のある行動の変化」を学習と呼ぶが，行動主義理論では，人や動物に与える刺激を操作し，その反応つまり行動がどのように変容するのかに注目することで，人や動物の学習メカニズムを明らかにしてきた。その代表的なものが，古典的条件づけとオペラント条件づけである。

（1）古典的条件づけによる学習

　古典的条件づけによる学習で有名なのがパブロフ（Pavlov, L. P.）である。犬の唾液分泌について調べていたパブロフは，唾液の分泌を記録できる器械を装着した犬を飼っており，エサの時間になるとベルが鳴るように設定していた。犬の立場から見ると，お腹が空いてくると，ベルが鳴ってエサが運ばれてくるという状況である。本来，空腹時のエサは唾液分泌を無条件で生起させる刺激となるが，ベルの音は唾液分泌と無関連な刺激である。しかし，エサ（無条件刺激）とベルの音（条件刺激）の対呈示が繰り返されると，次第にベルの音だけで唾液が分泌されるようになることをパブロフは発見した

のである。このように無条件刺激と条件刺激の対呈示により，条件刺激と反応との間に新たな連合が生じることを古典的条件づけによる学習という。

（2）オペラント条件づけによる学習

　何らかの行動を行った後に，その個体にとって好ましい刺激が与えられるとその行動頻度は増加し，不快な刺激が与えられるとその行動頻度は減少するという，自発的な行動に対して何らかの刺激が随伴することで，その行動の生起頻度が変化することに着目したのが，オペラント条件づけによる学習である。一般的に教師や親は，社会的規範に沿った子どもの行動に対しては称賛したり，ごほうびを与えたりし，ルールに反する行動に対しては厳しく叱ったり，罰を与えたりするが，このような働きかけはオペラント条件づけによる学習のメカニズムを利用したものといえる。

2．オペラント条件づけの教育場面への応用

（1）プログラム学習

　オペラント条件づけによる学習のメカニズムは教育場面にも応用されている。その代表的なものの1つが個に応じた学習を実現するためにスキナー（Skinner, B. F.）が考案したプログラム学習である。プログラム学習では，最終的な学習目標に到達するまでの学習内容が細かく段階的に分けられているため，学習者は突然難しい問題を解くのではなく，少しずつ着実に学びを積み上げていくことができる。さらに段階ごとのフィードバックが即座に行われるため，分からなかったところは再度学習することができるなど，学習者は自分のペースで学習を進めていくことができる。このようなプログラム学習は現在のコンピュータ支援教育（CAI：Computer Assisted Instruction）やイーラーニング（e-Learning）などパソコンやインターネットを利用した教育に活かされており，生涯学習や個に応じた教育が求められるこれからの社会において今後の発展が期待される。

（2）応用行動分析

　オペラント条件づけによる学習理論の応用は，問題行動の治療や発達障碍児の療育においても見られる。それが応用行動分析である。応用行動分析で

は，行動とそれに随伴する刺激だけでなく，ターゲットとなる行動が生じた状況も分析の対象となる。先行状況（antecedent），行動（behavior），結果（consequence）という枠組みからターゲットとなる行動を理解し，その改善を図ろうとするものである。たとえば，授業中に立ち歩く子どもがいたとすると，教師はこの行動を減らすために注意をするであろう。しかし，いくら注意をしてもこの離席行動はなくならず，むしろ悪化してしまったというケースがあったとする。このようなケースについて応用行動分析の視点から捉えると，その子の立ち歩きは他の子どもが先生に褒められるという場面の後に生じているという事実が見えてくるかもしれない。教師からの注意は，罰ではなく，注目というその子にとってはごほうびになっている可能性がある。先行場面と行動に伴う状況変化に着目することで，その子にとっての行動の意味が理解でき，行動改善に向けての有効な支援方法が考えられるのである。

3．教育における行動主義理論の役割と意義

行動主義理論は，行動学習のメカニズムを明らかにすることで，日常的に行われていた教育に一定の根拠を与え，そのプロセスを説明するという役割を果たしてきたといえる。認知心理学が台頭し，さらに認知科学が発展している今日においても，今なお行動主義理論を応用した心理療法や教育プログラムが開発されていることを考えると，私たちの生活習慣や日常的なふるまいなどがいかに行動原理によって規定されているのかを窺い知ることができる。この意味において，行動主義理論は今後も様々な形での応用が期待できる理論と言える。

参考文献

杉山尚子（2005）『行動分析学入門－ヒトの行動の思いがけない理由』集英社.

（牧　亮太）

Q 14 構成主義的教授法の意義について述べなさい

1. 直接伝達教授法から構成主義的教授法へ

　従来の教授法は，教師からの一方向的な説明，例示，質問によって概念や手続きの学習が進行していき，子ども達は受動的に学習に取り組むという直接伝達教授法が一般的であった。直接伝達教授法では，教師からの説明，質問，子ども達へのフィードバック，宿題といった教授活動に焦点が置かれ，どのような教授活動が子ども達の成績向上に繋がるのか，という観点が重要視されている。

　しかしながら，日々激変している現代社会を生き抜いていくためには，子ども達が受け身の姿勢で学習に取り組む授業スタイルのみでは不十分である。自らが主体的に課題を発見し，考え，解決の糸口を見つけ出すことで，新たな価値を創造していくことのできる人材育成が，現在の教育において求められている。その中で注目されている教授法が構成主義的教授法である。構成主義的教授法とは，学習において発見の機会が多い環境または状況に子ども達を置くことで，自らの力で概念や手続きを発見させる教授法である。

2. 主体的な知識構成と対話による学び

　構成主義的教授法では，知識とは受動的に与えられるものではなく，個人が能動的に構成するものであるという考え方が基盤にある。この考えは，「子どもは，環境との相互作用を通して知識を主体的に構成していく」と主張したピアジェ（Piaget, J.）の理論に影響を受けている。加えて，構成主義的教授法において重要な観点となるのが，人間は他者との関わりを通して，自らの考えや知識を構成していくという考え方である。この考えは，ヴィゴツキー（Vygotsky, L.）が提唱した「発達の最近接領域」の理論に影響を受けている。発達の最近接領域では，子どもが自分一人では解決することが困難な活動（課題）に対して，他の子どもや教師との協同作業や援助によって

独力で解決することが可能となる変化こそが発達であると考える。つまり，他の子ども達や教師との関わりを通して，子どもは自分の頭の中で知識を精緻化・修正していきながら，新たに構成していくのである。

3.　素朴概念

構成主義の考えによれば，子ども達は，全くの白紙（無知）の状態で学校の授業を受けているわけではなく，普段の日常生活で事物や事象に関わりながら，それらについての知識や概念を自ら構成している。このような知識や概念は，素朴概念（誤概念，代替概念）と呼ばれている。素朴概念は，学校での学習において，概念と認知的手続きを有意味に学習するための枠組みとなる場合もあれば，逆に，学習を阻害する場合もある。そのため，学校の学習では，単純に知識を子ども達に与えるのではなく，子ども達が主体となり，様々な経験や他者との関わりを通して，既に持っている素朴概念を精緻化，修正，再構造化することで，科学的概念へと変化させていくことが重要となる。構成主義的教授法は，このような学習を目指すうえで意義のある教授法であると考えられている。

4.　構成主義的教授法の課題と教師の役割

構成主義的教授法は，子ども達が自らの力で問題解決に有力な方略を発見することができるという特色がある一方で，目標とする概念や手続きの発見に失敗してしまう，あるいは，誤った発見をしてしまうといった課題も存在する。そのため，構成主義的教授法では，教師からの働きかけが重要な意義を持つ。その1つが，スキャフォールディング（scaffolding）である。スキャフォールディングとは，元来，建築現場などで，「足場」という意味で用いられていた用語であり，教師が子ども達の課題遂行とともに，必要に応じて，質問や助言など，発見すべき概念や手続きに関する支援を与えることである。また，子ども達同士での話し合いや協同作業を行う際にも，活動が円滑に進み，子ども達が互いに刺激し合えるように介入していくことも必要となる。つまり，教師は，単に子ども達を見守るのではなく，子ども達自身

が正しい知識や概念を発見できるように，適切な機会や環境を提供すること
が重要な役割となる。

5. アクティブ・ラーニング

　構成主義的教授法のスタイルとして，近年，注目されている学習方法がア
クティブ・ラーニングである。アクティブ・ラーニングとは，学習者の能動的
な学習への取り組みによって，認知的，倫理的，社会的能力，教養，知識，
経験を含めた汎用的能力の育成を図ることを目的とした学習指導法である。
2020年度からの新学習指導要領では，『主体的・対話的で深い学び』の重要
性が新しく盛り込まれている。この学びの概念はアクティブ・ラーニングの
流れを汲んでいる。文部科学省は，アクティブ・ラーニング実施において3
つの観点を重視している。

1）主体的な学び：学ぶことに興味や関心を持ち，自己のキャリア形成の方
　　向性と関連付けながら，見通しを持って粘り強く取り組む姿勢
2）対話的な学び：子ども同士の協同活動，教員や地域の方々との関わり，
　　先人の考えを手掛かりにして考えることで自己の考えを広げて深める姿勢
3）深い学び：学びの過程において，それぞれの特性・特質に応じた「見方・
　　考え方」を働かせながら，様々な知識を関連付けて理解を深めたり，情報
　　を精査して考えを形成したり，問題を見出して解決策を模索したり，考え
　　を基に創造したりする姿勢

　このように，子ども達が能動的（アクティブ）に学習に取り組み，他の子
ども達とコミュニケーションを取りながら協同的に学習を進めていくこと
で，知識の深化を目指そうとするアクティブ・ラーニングは，「何を学ぶか」
だけではなく「どのように学ぶか」にも重点を置いた教授法であり，子ども
達の資質・能力を育成するうえでも効果的な教授法であると言える。

参考文献
文部科学省　http://www.mext.go.jp　2020年4月1日閲覧.

（水口啓吾）

Q 15　学習におけるメタ認知の役割について述べなさい

1．メタ認知

　「メタ認知」とは，認知についての認知を意味する語である。「メタ」とは「高次の」という意味であり，自分自身が考えていること（思考）や感じていること（知覚）などをもう一人の自分が一段高いところから認知する働きである。

　学習場面では，課題に対して自分は何が分かって，何が分かっていないのか，自分がこれからどのように学習すれば効果的であるかなど，メタ認知を働かせる必要がある。メタ認知によって，学習者は自分の努力や時間を計画的に配分したり，自分たちの現在の知識と技能のレベルをモニタリングしたり，問題解決や知識の獲得にあたって，また，個人的な目標に到達するまでの間，要所要所で学習レベルを評価し，それに応じて行動を調製することが可能になる。

　メタ認知は，「メタ認知的知識」「モニタリング」「コントロール」という３つの側面から広く研究されている。

2．メタ認知的知識

　「メタ認知的知識」とは，認知についての知識である。①「私は算数の文章問題は苦手だが，図形問題は得意である」「AさんはBさんより理論的に考えられる」「興味のあることは上達しやすい」など，人間の認知特性についての知識，②「繰り上がりや繰り下がりのある計算は間違いやすい」など，課題の性質が，私たちの認知活動に及ぼす影響についての知識，③「成り立ちを知ることで，漢字が覚えやすくなる」など，目的に応じた効果的な方略の使用についての知識，などを含んでいる。

3. メタ認知におけるモニタリングとコントロール

「モニタリング」とは，ある特定の認知活動の継続的な進捗状況や現在の状態を査定あるいは評価することである。「コントロール」とは，認知活動を中断したり，それを続けると判断したり，途中でそれを変更したりするといったように，進行中の認知活動を調整することに関係している。つまり，課題を行う前に，「どんな課題かな」「きっとこのぐらいの難しさだな」「きっとできるな」と予想したり，課題を行いながら「この方法で進めていいのかな」「予想より難しいな」と評価したり，「思ったよりうまくできなかったのは何が原因かな」と振り返ったりするのがモニタリングであり，それを基に計画を立てたり選択・修正したりするのがコントロールである。どちらの働きもメタ認知的知識に基づいている。

学習活動の事前段階，遂行段階，事後段階のそれぞれにおけるメタ認知的活動をまとめたものが図3-15-1である。

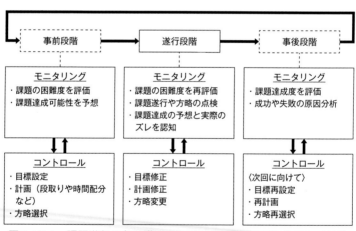

図3-15-1　課題遂行の各段階におけるメタ認知的活動（三宮，2008）

モニタリングとコントロールは，互いに影響し合う。つまり，モニタリングの結果，どのようにコントロールするかが決定され，コントロールの結果に基づいて再度モニタリングが行われる。したがって，コントロールを正確

に行うためには，モニタリングが適切に行われているかどうかが重要となる。

4．メタ認知に効果的な教育実践

　学習者がメタ認知を促進するために効果的な教育実践の例として，「教えて考えさせる授業」がある。教えて考えさせる授業には，①教師からの説明，②理解確認，③理解深化，④自己評価という4つの段階があり，①教師からの説明及び②理解確認で得た知識を③理解深化で問題解決に活用させることで，より理解が促される。また，②理解確認や④自己評価において児童・生徒のメタ認知が促される。①教師からの説明とは，教師が学習内容を解説する段階である。②理解確認では，①で教師から教わった内容を，児童・生徒自身の言葉で説明することで理解の確認が図られる。③理解深化とは，①②で理解したことを基にして，さらに発展的な問題解決を行う段階である。ここでは，グループなど他者と協同的に問題解決を行うとより効果的である。④自己評価では，授業を通して理解できたこと・できていないことについて記述し，自分自身の学習についてふり返る。

参考文献

ダンロスキー，ジョン・メトカルフェ，ジャネット著（2010）（湯川良三・金城光・清水寛之訳）『メタ認知　基礎と応用』北大路書房.

深谷達史（2016）『メタ認知の促進と育成－概念的理解のメカニズムと支援－』北大路書房.

市川伸一（2008）『「教えて考えさせる授業」を創る－基礎基本の定着・深化・活用を促す「習得型」授業設計－』図書文化.

三宮真智子編著（2008）『メタ認知　学習力を支える高次認知機能』北大路書房.

OECD教育研究革新センター編著（2015）（篠原真子・篠原康正・裳岩晶訳）『メタ認知の教育学　生きる力を育む創造的数学力』明石書店.

（福丸奈津子）

Q 16 自己制御学習について述べなさい

1. 自己制御学習とそれに関わる認知機能

　自己制御学習とは，学習者が自分自身の認知状態や動機づけ，学習方略などに対して積極的に関与しながら，学習目標の実現を目指そうとする活動のことである。

　自己制御学習において，学習者自身の認知状態に対する関与にはメタ認知が深く関わっている。メタ認知とは思考や推論といった認知活動そのものや，認知活動の産物である知識や記憶などをモニタリングとコントロールの対象とした認知のことである。モニタリングでは，メタ認知が認知状態についての点検や評価を行うことで情報を得ている。コントロールでは，メタ認知が得られた情報に基づく目標設定や計画を行うことで認知状態を修正している。このようなメタ認知の活動的側面はメタ認知的活動と呼ばれている。また，学習者がメタ認知的活動を効率よく促進するためには，「自分は何が得意か／苦手か」といった自分自身の認知特性についての知識が必要である。また，「理科の観察・実験では，先生の指示通りに器具を操作しないと必ず失敗する」といった自分自身の学習方略についての知識も必要となる。このような学習者自身の認知状態についての知識はメタ認知的知識と呼ばれている。メタ認知能力が高い学習者は，課題解決の遂行場面において，メタ認知的知識に基づいてメタ認知的活動を効率よく促進することができる。その結果，学習目標が実現に向かっているのかを適切に判断し，必要に応じて軌道修正を行うことができる。そのため，メタ認知は自己制御学習の実現にとって欠かせないものである。

　また，学習者が学習目標を実現するためには，動機づけも重要な役割を果たしている。例えば，学習目標を設定する場面では「この課題であれば解決できそうだ」といった自分自身の能力に対する自信や信念である自己効力感が必要となる。また，「課題を解決することが楽しい，おもしろい」といっ

た興味は，課題解決活動を持続させる要因になるものと考えられており，課題解決のための学習方略の使用や選択にも深く関与している。このような学習者の課題解決に対する意欲的な取り組みは，学習過程や学習成果に大きな影響を与えるため，動機づけもまた自己制御学習の実現にとって欠かせないものである。

2．新学習指導要領における自己制御学習の位置づけ

　2017・2018年改訂学習指導要領が告示され，各学校段階で全面実施あるいは年次進行で導入されている（される予定である）。これらの学習指導要領では，学習指導によって育成を目指す資質・能力の1つに「学びを人生や社会に生かそうとする学びに向かう力，人間性等の涵養（以下，学びに向かう力）」が位置づけられている。この「学びに向かう力」は，各教科で習得する知識や技能，それらを活用しながら課題解決するための思考力・判断力・表現力などに対してどのような方向性で働かせていくかを決定付ける重要な要素として位置づけられている。このような「学びに向かう力」の特徴を鑑みたとき，それはメタ認知として捉えることができ，動機づけが下支えしているものと考えることができる。であるならば，子どもたちの自己制御学習及びそれを実現するための学習指導が今後ますます求められるであろう。

参考文献

中谷素之（2012）「動機づけ」自己調整学習研究会編『自己調整学習－理論と実践の新たな展開へ』北大路書房.

塚野州一（2012）「自己調整学習理論の概観」自己調整学習研究会編『自己調整学習－理論と実践の新たな展開へ』北大路書房.

上淵寿（2007）「自己制御学習とメタ認知－志向性，自己，及び環境の視座から」『心理学評論』50（3），pp.227-242.

（草場　実）

Q 17　ワーキングメモリの理論について説明しなさい

1．ワーキングメモリとは

　2021年4月現在，新型コロナウイルス（COVID-19）が猛威を振るい，世界は未曾有の事態に陥っている。このような中，昼夜問わず，新型コロナウイルスに関する情報がテレビやネットで発信されている。1日のうち，朝と夜とで，発信される情報が異なっている場合もあれば，誤った情報が発信されることもある。このような現状において，重要となるのは，混在する情報の中から，自分にとって重要な情報，正確な情報，客観的な情報など，適宜，必要な情報を取捨選択し，常に最新の情報を手に入れておくことである。この際に重要な役割を担うのがワーキングメモリ（Working Memory：作業記憶）である。ワーキングメモリとは，作業遂行中に一時的に重要な情報を記憶し，必要に応じて処理する能力のことであり，特に，そうした記憶の働きや仕組み，それらを支えている構造全体を指す概念である。ワーキングメモリは，人間の複雑な認知活動において非常に重要な役割を担っている。

2．ワーキングメモリモデル

　ワーキングメモリの理論に関しては多くのモデルが存在するが，最も有名なモデルの1つがバドリー（Baddeley, A.）の複数成分モデルである。このモデルは，中央実行系（central executive）と3つの情報保持システム（音韻ループ（phonological loop）・視空間スケッチパッド（visuospatial sketchpad）・エピソード・バッファ（episodic buffer））から成る4要素構造を基本としている（図3-17-1参照）。

　中央実行系とは，情報の制御を担うシステムである。心的処理と保持の両方の調整を必要とするすべての心的活動に関わる重要な構成要素であり，具体的には，注意の焦点化，注意の切り替え，注意の分割の3つが主な役割として存在する。音韻ループとは，数，単語，文章といった音声を含む言語的

情報を一時的に記憶する下位システムであり，言語的短期記憶とも呼ばれている。視空間スケッチパッドとは，地図や図形といった視覚情報や空間情報を一時的に記憶する下位システムであり，視空間的短期記憶とも呼ばれている。エピソード・バッファとは，言語的情報と視空間的情報を統合した情報や，外界の情報と長期記憶に貯蔵されている知識の統合など，音韻ループや視空間スケッチパッド単独では処理することが困難な情報を一時的に記憶する下位システムである。

　このモデルでは，3つの情報保持システムが中央実行系の従属システムとして位置付けられ，中央実行系が注意の配分を行う構造となっている。そのため，言語的情報を活用して認知課題を遂行する場合には，中央実行系と音韻ループが連動することで処理が行われる。この状態を言語性ワーキングメモリと呼ぶ。他方で，視空間的情報を活用して認知課題を遂行する場合には，視空間スケッチパッドと中央実行系が連動することで処理が行われる。この状態を視空間性ワーキングメモリと呼ぶ。

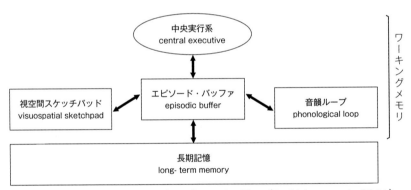

図3-17-1：Baddeleyのワーキングメモリモデル（Baddeley, et. al., 2011）

3．実行機能とワーキングメモリ

　実行機能（executive function）とは，課題遂行において思考と行動をコントロールする制御メカニズムである。実行機能は，人間の知的活動を支えるのみならず，自己制御とも関連しており，我々の生活において重要な役割を

担っている。実行機能には，更新（updating），シフティング（shifting），抑制（inhibition）の機能が存在する。更新とは，情報を常に最新の状態にしておく働きである。シフティングとは，必要に応じて，ある活動（課題）から別の活動（課題）へと注意を切り替える能力である。抑制とは，必要に応じて，現在の活動（課題）を，意図的かつ制御的に抑制する能力である。ワーキングメモリは実行機能の1つであると考えられており，3つの機能の中でも更新の働きがワーキングメモリであるとされている。

4. ワーキングメモリテスト

　ワーキングメモリの測定は，無作為に抽出された数字系列，一定の熟知性のある単語系列，全く意味を持たない非単語系列といった項目の保持（記憶）と再生を課し，遂行できた項目数の最大数をスパン成績とする方法が一般的である。課題には，情報の保持のみが要求される短期記憶課題と，情報の保持と複数の認知処理が同時並行的に要求されるワーキングメモリ課題の2種類が存在する。

　短期記憶課題としては，数字，単語，非単語の系列項目を聴覚情報として提示した後に，提示された順番通りに項目を再生する系列再生課題や，無意味な単語を聴覚提示させて即座に再生する非単語反復課題がある。他にも，盤面上に配置された9つの正方形ブロックを用いて，検査者が接触したブロックを順番通りに再生するコルシブロック課題がある。ワーキングメモリ課題としては，リスニングスパン課題がある。この課題では，文章を1文ずつ聴覚提示して，その内容の正誤判断を行うと同時に（例:「ブタは空を飛ぶ」（誤）），参加者は，文章の最初（最後）の単語を記憶する必要がある（例:「ブタ」）。そして，系列文章の正誤判断が全て終了した後に単語を系列再生することが求められる。

参考文献
湯澤正通・湯澤美紀編著（2014）『ワーキングメモリと教育』北大路書房.

（水口啓吾）

Q 18　学習とワーキングメモリの関係について述べなさい

1.「脳のメモ帳」としてのワーキングメモリの役割

以下のような学習場面を想像してみてほしい。

> 教師が授業内容を説明している。その際，教師は口頭で説明をしながら，その内容を黒板に板書している。子ども達は，教師の話を聞きながら，黒板に書かれた内容をノートに書き写している。教師は，板書が終わったら，前に置いてあるプリントを取りに来て，10 時までに解くように指示を出した。

　授業風景としてはありふれた"ながら作業"の場面であろう。しかしながら，子ども達はこの状況において，自分は"今"何をしなければいけないのか，その活動を終えたら"次に"何をしなければいけないのか，といった様々なことに対して同時に意識を向けながら活動を遂行する必要がある。また，作業中に聞こえてくる教師の声や教室内での他の子ども達の行動も気になってしまうかもしれない。このような場面において，重要な役割を担っているのがワーキングメモリ（working memory：作業記憶）である。

　ワーキングメモリとは，作業遂行中に一時的に重要な情報を記憶し，必要に応じて処理する能力である。学習場面において，子ども達は，教師からの指示をいったんワーキングメモリの中に記憶しながら，"今"やるべき活動が何かを整理していく。そして，指示通りに遂行できたら，記憶した情報の中で，"次に"やるべき活動が何かを確認していくのである。板書の際も，黒板に書かれた内容をワーキングメモリに記憶することで，その内容をノートに書き写していく。つまり，子ども達は，ワーキングメモリに必要な情報を記憶しながら，同時に，"今"やるべき活動が何かを考えて，処理していくのである。このように，ワーキングメモリは，様々な情報を一時的に書き留めて，整理しておく場所であることから，別名，「脳のメモ帳」とも呼ばれている。ワーキングメモリとは，どのような学習場面においても用いられ

る「思考のための道具（メモ帳）」なのである。

　ただし，ワーキングメモリ容量（「脳のメモ帳」で一度に書き留めることのできる分量）には限界があり，その限界は個人によって異なっている。ワーキングメモリ容量が大きい子どもであれば，一度に書き留めることのできる分量は多いが，容量が小さい子どものそれは少ないため，他の子どもに比べて，何度も書き留める（記憶して処理する）作業を繰り返さなければならない。これにより，彼らの学習場面での認知的負荷は，さらに増加してしまう。

2. 認知負荷理論

　認知負荷理論とは，スウェラー（Sweller, J.）によって提唱された教授理論であり，学習時や問題解決時に課されるワーキングメモリへの負荷（認知的負荷）の大きさが，学習者の課題遂行に影響を及ぼすという考え方である。現在，認知負荷理論には，外在的負荷，内在的負荷，課題関連負荷の3つが想定されている。外在的負荷とは，不適切な授業デザインや教材の内容といった，外的教授環境に起因する認知的負荷である。そのため，外的環境を適切に整えることで低減させることができる。内在的負荷とは，一度に処理する活動量が多いために対処しきれないといった，課題遂行に必要となる内的処理から発生する認知的負荷である。そのため，個人内の知識や技術の熟達化などによる処理の自動化によって低減させることができる。課題関連負荷とは，該当する課題に利用される資源のことであり，この負荷は，課題遂行において不可欠なものである。これら3つの負荷の総計が認知的負荷となる。そのため，外在的負荷や内在的負荷が高まることで，認知的負荷総計がワーキングメモリ容量を超過してしまうと，学習において必要な処理となる課題関連負荷への対応が困難となり，結果，学習効率の低下や学習意欲の減退へと繋がってしまう。学習活動において，外在的負荷や内在的負荷を低減させ，課題関連負荷への処理にどれだけのワーキングメモリ容量を割くことができるかが，効果的な学習を行ううえで重要な観点となる。

3. ワーキングメモリと学習

　ワーキングメモリは，実行機能（executive function）のうち更新（uploading）に関わっており，学習を支えるうえで重要な働きを担っている。ワーキングメモリは，すべての学齢期において，学習と密接に関連しており，ワーキングメモリ課題の成績が低い子どもは，国語，算数（数学），理科といった主要教科の学業成績も低いことが明らかとなっている。また，就学前の4歳時に測定したワーキングメモリ成績と，入学後6歳〜7歳の時点で実施した読み・書き・算数の学業成績との関連を検討した研究では，ワーキングメモリ得点が下位グループと上位グループとで，学業成績に大きな差が見られる結果が示された。つまり，ワーキングメモリは，現在の学業成績と関連があるだけではなく，後の学業成績に対しても因果的な影響を及ぼしていると言える。この他にも，ワーキングメモリの小さい子どもは，「教師の指示を理解できない」，「作業の進行状況が分からなくなる」，「同時にいくつもの作業を求められると失敗してしまう」など，学習態度とも関連していることが明らかとなっている。

　ワーキングメモリは，知能以上に学習成績を予測することが示唆されていることから，子ども達の学習成績と独自に関連した認知スキルを表していると考えられる。そのため，子ども達の学習上の困難さや躓きを理解して，早期発見・早期介入を行っていくうえでも，ワーキングメモリが重要な役割を担っていると言えるだろう。

4. ワーキングメモリに着目した学習支援

　ワーキングメモリの小さい子どもにとって，学習活動中に生じる躓きは，記憶と処理の両者が同時に求められる課題において多く確認されている。そのため，学習場面での支援としては，課題遂行中に，ワーキングメモリにかかる負荷を軽減させるための方略を適宜用いていくことが必要となる。例えば，言語的・視空間的短期記憶に困難が生じている子どもに対しては，記憶に関する支援を行い，言語性・視空間性ワーキングメモリに困難が生じる子

どもに対しては，記憶と処理の両者に関する支援を行うことで，ワーキングメモリ容量を効率的に活用することが可能となる。具体的には，ワーキングメモリの観点から捉えた学習支援方略として，（1）情報の整理，（2）情報の最適化，（3）記憶のサポート，（4）注意のコントロール，が存在する。情報の整理では，各情報の関連性が分かり易くなるように整理する「情報の構造化」や，情報を視覚的・聴覚的側面から提示する「多重符号化」が挙げられる。情報の最適化では，課題を細かく区切る，指示を短くすることで，扱う情報量を軽減して理解を促す「スモールステップ」や，課題遂行に必要な時間を調整する「時間のコントロール」が挙げられる。記憶のサポートでは，音声情報を口頭で繰り返したり，既存の知識と関連づけたりしながら記憶する「記憶方略活用・長期記憶活用」や，ICT機器やサポートブックなどの外部記憶を活用することで理解を促す「補助教材活用」が挙げられる。注意のコントロールでは，学習の目的（今，何をしなければいけないのか）を意識させることで，取り組む課題への注意を向けやすくする「選択的注意」や，自分自身で学習への理解度を把握することで，積極的・主体的に学習に取り組めるように支援していく「自己制御」が挙げられる。具体的な支援方法としては，（1）一度に提示する情報量を減らす，（2）情報に意味を持たせる，（3）処理活動を単純化する，（4）複雑な課題を簡略化する，（5）何度も繰り返して提示する，（6）記憶補助ツールを活用する，などが挙げられる。

　この他にも，授業場面における全体的な支援だけではなく，個人のワーキングメモリの特性に応じた個別の学習支援にも着目していく必要がある。

参考文献

ギャザコール, S. E.．アロウェイ, T. P. 著（湯澤正通・湯澤美紀訳）(2009)
　　『ワーキングメモリと学習指導−教師のための実践ガイド』北大
　　路書房.
湯澤正通・湯澤美紀編著（2014）『ワーキングメモリと教育』北大路書房.

（水口啓吾）

Q 19　グループで効果的な話し合いを行うための条件について述べなさい

1．話し合う必然性のある場を設定すること

　話し合いをはじめ，グループ活動を授業に取り入れるにあたって最も重要なのは，グループで活動する必然性のある場を設定することである。個人のみで目標まで到達できる場においては，グループのメンバーとやり取りせずに課題を1人でこなそうとする等，個人での学習活動に注力する者も出てくるだろう。グループ活動でメンバー同士が積極的に協力するよう促すためには，個々人の学びがグループ活動によって支えられ，グループに対する個々人の貢献がグループ活動を支えるという相互依存関係が成立する場を設定する必要がある。例えば，話し合いの技法の一つであるシンク＝ペア＝シェア法においては，あるテーマについて1人で考える時間を取った後，ペアを作り，お互いの意見を聞いて比較し，その異同について考える中で自分の立場を明確にする活動を行う。この活動では，相手の意見があることによって，自分の意見が相対化され明確になるという構造が存在する。相手がいなければ目標が達成できないという点で，話し合う必然性のある場が設定されていると言えよう。

2．話し合う準備ができていること

　話し合いを行うにあたっては，各メンバーが話し合いで取り上げるテーマについて十分に理解している必要がある。テーマについて理解をしていないことには，それに対する意見も生まれないだろう。話し合いで取り上げるテーマを各メンバーが十分に理解していることは，グループの全員が意見をもって話し合いに参加するための前提条件と言える。
　また，話し合うテーマに関する意見が長くなったり複雑になったりする場合には，話し合いの前に，メンバーそれぞれが自身の意見を整理する機会が

必要だろう。先に紹介したシンク＝ペア＝シェア法においては，互いの意見を突き合わせる前に，個人の意見を整理する時間を設ける。そうすることで，それぞれが自分の意見を明確に言語化した上で話し合いに参加できることができる。考えを巡らせる時間が十分にあることで，新たに思いつく発想もあるだろう。

3．聴き手が理解できる発言をすること

　話し合いにおける発言は，聴き手が適切に理解できるものである必要がある。そのために発言者は，「自分が聴き手なら，こういう表情で，こういう言葉を使って発言したときにどう受け取るか」という役割取得をする必要がある。対面コミュニケーションにおいては，どういう言葉を使用するかという言語の側面だけでなく，どういう表情やジェスチャーを使うかといった非言語の側面についても，発言者が自身の放つサインを意識化し，聴き手の様子を確認しながら適宜調整することが求められる。そのような調整が不十分な場合，発言者のいっていることが理解されない，ニュアンスが誤解して受け取られる等のミニコミュニケーションが発生する。発言者の調整スキルが未発達で，聴き手の理解能力も未発達であるような，例えば小学校の一斉授業における話し合いの場面においては，ファシリテーターである教師が，子どもの発言した内容を再発話するリヴォイシングの方略（聴き手の子どもたちが理解できるように発言しなおす，板書として整理して記すなど）を用いることで，子ども同士の話し合いの橋渡しをすることができるだろう。

4．聴いているというサインを発すること

　発言者が聴き手に配慮した発言をすることができたとしても，聴き手が意見を「聴く」姿勢になければ，発言はすぐに停滞してしまうだろう。話し合いというコミュニケーションの場においてサインを発しているのは発言者だけではない。聴き手は，非言語的なサインを発することで場に影響を与えている。聴き手は，背筋を伸ばす，発言者の方に体を向ける，発言者の顔を見る，発言に対してうなずくといった行為によって，発言者に対して「聴いて

いる」というサインを発している。聴き手が積極的に聴く姿勢をとること
は，話し手と聴き手との間に信頼関係を築き，話し合いを活性化させるため
に重要である。このことを考慮すると，話し合いの場において集中してノー
トをとることは発言者に対して「聴いている」サインを発することを抑制す
るという点で，話し合いの活性化に悪影響を与える可能性がある。話し合い
の場でノートをとらない，あるいは最低限の内容をメモする程度にとどめる
というルールを設定することは，話し合いの活性化に有効と考えられる。こ
のように話し合いを活性化させるにあたっては，非言語的サインを常に発し
ている聴き手の役割にも注意する必要がある。

5．話し合いにおける基本的姿勢の共有

　ここまでは，発言する者・聴く者という，話し合いに参加する個人に焦点
を当ててきたが，話し合いを効果的なものにするにあたっては，グループ全
体で共有しておくべき基本的な姿勢がいくつかある。これらの姿勢は，話し
合いを始める前に確認しておき，話し合い中にルールから逸脱した行為が見
られた場合にはグループのメンバーあるいはファシリテーター（授業におい
ては教師）によって修正を促す必要がある。

（1）グループのメンバーは平等である

　まず，原則として，話し合いを行うメンバー間の関係は対等である必要が
ある。話し合いにおいて，意見を述べる機会の割り当てが不平等であった
り，一部のメンバーの意見が重視あるいは軽視されたりするような非対等の
関係があると，弱い立場の者は意見を述べることが難しくなるだろう。そう
なると，話し合いは一部のメンバーのみによって展開されることになり，多
様な意見に出会い新たな学びを得る機会は失われてしまう。話し合いの中で
対等な関係を維持することが難しい場合，例えば特定のメンバーの発言時間
が長くなるような場合は，タイムキーパーを設け，1人1人の発言時間を明
確にコントロールするというのも一つの方法である。ただし，タイムキー
パーはメンバーへの指示を繰り返しているうちにリーダーの立場になりやす
く，指示する側—される側という非対等の関係を生む恐れがある。そういっ

た役割を設ける場合には、メンバーが交代で指示役を担当するよう設定するのが良いだろう。また、これとは別に、話し合い技法の一つであるトーキング＝チップ法においてはトークンを利用した方法が提案されている。具体的には、グループのメンバーそれぞれに対してあらかじめトークンを渡しておき（メンバーそれぞれに同じ枚数のカードを配布しておく等）、話し合いの際、メンバーは発言のたびにテーブルにトークンを出す。こうすることで、それぞれのメンバーの発言頻度を全てのメンバーが確認でき、無口なメンバーに対して他メンバーから発言を促す等、メンバー同士が協力して発言機会の平等性を維持することが可能となる。

（２）グループのメンバーの多様な意見を許容する

つぎに、有効な話し合いにあたっては、グループのメンバー全員が多様な意見を許容する姿勢で参加する必要がある。各メンバーが最初から、自分の意見と異なるものは拒否する姿勢でいたり、メンバー同士の意見が異なることを許さない姿勢でいたりすると、自分の意見が受け入れられないかもしれないという不安から、発言が滞ったり、他のメンバーの意見に沿うような発言が促され、話し合いの場は機能しなくなってしまう。そのような状態を防ぐ方法の一つとして、話し合いの冒頭で集団発想法の枠組みを導入することがあげられる。集団発想法の一技法であるラウド＝ロビン法では、多様なアイデアを創出するためのルールとして、意見を出す際の説明・評価・質問を禁止する。また、各意見は短い言葉で表現し、各メンバーが順番に次々と意見を出す形式を取る。また、アイデアを出していく際には、質よりも量を重視する。このようなルールのある場においては、各メンバーが他者から拒絶される不安なしに意見を出すことができ、自分とは異なる意見が出てきてもいったん受け止めるという姿勢が取られる。この形式は全ての話し合いのテーマに当てはめられるものではないが、多様性を許容する姿勢を自然に促す場の設定として一つの有効な手段と言えよう。

（３）発言内容と発言者とを分離して捉える

最後に、有効な話し合いにあたっては、全メンバーが、発言された内容とそれを発言した者とを別々のものと捉える姿勢が必要である。発言内容と発

言者の人格や能力等が紐付けされて解釈されるような場では，他者から自分がどう見られるかが気になってしまい，自由に意見を出すことは難しくなるだろう。また，「あの人がいっているからそうなのだろう」という形で，発言内容と発言者の評価が紐つけられる場合，発言内容そのものを評価する思考が抑制されてしまうことで議論が深まりにくいという問題も出てくる。発言内容と発言者とを分離して捉えることが難しい場合には，各メンバーの意見をあらかじめ匿名で記入し，記入された意見を見ながら議論を行うという工夫が考えられる。実際，話し合いを行っていると，その経過の中で各メンバーの意見は変化することもあるだろう。その際に，自分が最初にあげた意見に自分自身が捕らわれず，自由に意見を変化させられるようにするためにも，発言内容と発言者とを分離して捉える姿勢は重要である。

（4）話し合いの形式やルールを柔軟に修正する

ここまで，有効な話し合いにあたって全メンバーが共有しておくべき基本的な姿勢と，それぞれの姿勢を促す場の設定方法の例について述べたが，話し合いのテーマやメンバーのコミュニケーション能力，チームワーク能力等のレベルや組み合わせによって，有効な場の設定方法は異なるだろう。メンバー間の関係が構築されていく過程で有効な場のあり方が変わってくることもあり得る。長い時間話し合いを行う場合には，途中段階で，ファシリテーターあるいはグループのメンバーによって，話し合いの形式やルールを確認・修正し，より有効な形に練り直す機会を設けるのが良いだろう。

参考文献

安永悟・須藤文（2014）『LTD話し合い学習法』ナカニシヤ出版.

エリザベス・バークレイ，パトリシア・クロス，クレア・メジャー著（2009）（安永悟監訳）『協同学習の技法』ナカニシヤ出版.

一柳智紀（2009）「教師のリヴォイシングの相違が児童の聴くという行為と学習に与える影響」『教育心理学研究』57（3），373-384.

松尾剛・丸野俊一（2009）「学び合う授業を支える談話ルールをいかに共有するか」『心理学評論』52（2），245-264.

（蔵永　瞳）

Q 20　ジグソー法を説明し，その教育的意義について述べなさい

1．ジグソー法が生まれた背景

　ジグソー法は，アロンソン（Aronson, E.）らが中心となって開発した協同学習の技法である。この技法が開発された背景には，アメリカ社会で人種的な多様性が増し，学校で多様な人々が交わるようになったことがある。学校内外を取り巻く人種差別の問題と，当時の学校教育における競争を多用した教授活動とが相まって，教室内では，人種に起因する差別や対立が頻繁に発生した。こうした状況に鑑みて，社会心理学者であるアロンソンは，社会心理学の協力・共同に関する研究知見を学校教育で利用できる型に落とし込み，多様な子どもたちが協力して学び合う学習の場を設定することを通して，学校における人種差別の問題を予防することを目指した。このような背景の中で生まれたジグソー法には，人種を含め，性別や能力など様々な側面で1人1人異なる多様な子どもたちが協力して学び合うための仕組みが織り込まれている。

2．ジグソー法の内容と手順

　ジグソー法ではグループ活動を通して学習を行うが，グループ編成にあたっては，人種や性別，能力などが異質になるようメンバーを配置する。このときのメンバーは，各グループにつき5－6名とする。グループ活動で扱う課題には，上位課題と下位課題が設定される。上位課題はその授業で子どもたちが学ぶテーマ全体を指し，下位課題は上位課題を分割した内容を指す。例えば，上位課題がある人物について学ぶことであれば，下位課題は，幼少期，青年期，壮年期，晩年期というようにその人物のエピソードを時期別に分割し，各時期の人物像を理解する課題として設定する。

　各メンバーは，自身が担当する下位課題を把握した後，グループを離れ，

自分と同じ下位課題を与えられた者だけで集まった別のグループに移動して協同学習を行う（最初に編成されたグループをジグソーグループあるいはホームグループと呼ぶのに対して，同じ下位課題を持つ者同士が集まったグループをエクスパートグループと呼ぶ）。エクスパートグループにおける学習の目標は，そのグループの全員が，ホームグループに戻った際，担当する下位課題について他のメンバーに教えられるようにすることである。この目標を達成するためエクスパートグループでは，担当する下位課題についてホームグループのメンバーにどう教えるかを話し合い，助言し合う。エクスパートグループでの協同学習の後，全員が各自のホームグループに戻り，自身が学んだことをメンバーに教え，他のメンバーが学んだことを教えてもらう活動を行う。最後に，全員が上位課題に関する理解度テストを個別に受ける。

3．ジグソー法の特徴と教育的意義

ジグソー法の大きな特徴の1つは，上位課題・下位課題の設定にある。まず，上位課題は，下位課題として重複なく分離することができ，メンバー全員に担当を割り振ることができるようなものを設定する。また，下位課題は，相互に関係し合っており，全ての下位課題が理解できたときにはじめて上位課題の理解が達成されるよう設定する。こうすることで，「自身が上位課題の理解を達成するためにはグループのメンバーからの協力が必要であり，グループのメンバーも同様に自身からの協力を必要としている」という相互依存の関係が作り出される。相互依存関係は，協力を促す上で重要な要素である。また，各下位課題が分離している状態は，「この課題について知っているのは，ホームグループの中で自分だけ」という個人の責任を生み出す。個人の責任を明確にすることは，その責任が果たされたときの貢献を明確にすることにつながる。与えられた役割を全うし，グループに貢献できたことを自覚することは，メンバーそれぞれの自尊心を高めることにつながる。また，それぞれのメンバーがグループに対して明確な貢献を果たすことは，互いを尊重する関係の形成を促す。

ジグソー法におけるもう1つの大きな特徴は，エクスパートグループを設定する点にある。エクスパートグループでは，全員が同じ下位課題を扱うため，課題についての理解を深めるのを助け合うことができる。ホームグループのメンバーにどう教えるかを話し合う中で，仲間から良い刺激を受けることもできるだろう。エクスパートグループでの協同学習は，その後のホームグループでの学習を有効なものにするための準備段階として機能する。

　エクスパートグループの設定は協力関係の拡張にも役立っている。単にホームグループ内での協力を促しただけでは，協力関係はグループ内だけの閉じたものとなり，グループ間における競争・対立が生まれる場合もある。上記のように，構造上，ホームグループでの学びは，エクスパートグループでの学びに支えられている，つまり，他グループのメンバーの協力のもとに成り立っている。エクスパートグループは，他者との協力関係をグループ内に留めず，グループ間に拡げることで，グループ間における競争・対立の発生を予防する機能も持っていると言える。

　以上のようにジグソー法は，自分そして他者の存在価値を認め合い，互いを尊重して協力し合うということが自然と起きる仕組みを学習の場に提供している。ジグソー法の枠組みで子どもたちが相互依存の関係を経験し，他者と協力するために試行錯誤することは，他者の立場に立って共感することや，他者と協力するためのスキルを学ぶ機会としても役立つだろう。

参考文献

エリオット・アロンソン，シェリー・パトノー（2016）（昭和女子大学教育究会訳）『ジグソー法ってなに？：みんなが協同する授業』丸善プラネット．

友野清文（2016）『ジグソー法を考える：協同・共感・責任への学び』丸善プラネット．

（蔵永　瞳）

第4章

領域固有の学習と教育

Q 21　音韻意識およびワーキングメモリと文字の読み書きとの関連について述べなさい

1．文字の読み書きの学習と音韻意識

　読み書きは，国語科だけでなく他教科を含む多くの学習の基盤となる能力である。日本語の読み書きに用いられる平仮名は，英語などの文字に比べて，文字と音との対応関係が規則的である。また音には，音素，音節，拍（モーラ）といった単位があり，平仮名は，基本的に拍を単位としている。例えば，「か」をローマ字で表記すると「ka」であり，「k」に対応する音が音素である。英語の文字は，音素を単位としているため，仮名文字は，英語の文字よりも，対応する音の単位が大きい。そうしたことから，仮名文字は，その読み書きの習得が容易であり，日本の子どもの多くは，小学校入学前に，平仮名，とりわけ1音に1文字が対応する清濁音の読みを習得している。さらに小学校1年の終わりまでには，ほとんどの児童が特殊音声を含めた平仮名の読みを身につけていることが分かっている。

　文字の読み書きの学習を支えているのが音韻意識（phonological awareness）である。音韻意識とは，ある言語の音声の構造を分析し，音素，音節，モーラといった音の単位を認識・操作するスキルである。音韻意識は，4，5歳の幼児期に発達し，その発達に支えられ，さらにその発達を促すのがしりとり，かるたなどの言葉遊びである。しりとりでは，例えば「りんご」の音声

の語尾の音「ご」を取り出し，「ごりら」などの「ご」で始める言葉を探す。幼児にとって，それまで「りんご」は，1つの音の塊であったが，音韻意識の発達によって，それが「り」「ん」「ご」の3つの音でできていることに気付く。すると，「り」「ん」「ご」には，それぞれ対応する文字があることを知り，自然と平仮名の「り」「ん」「ご」を覚える。

2．文字の読み書きの学習とワーキングメモリ

　音韻意識と密接に関連しているのがワーキングメモリ（working memory）である。ワーキングメモリとは短時間に限られた必要な情報を保持し同時に処理を行う記憶機能である。ワーキングメモリは，中央実行系，音韻ループ，視空間スケッチパッド，エピソードバッファーの構成要素から成る。中央実行系は注意のコントロールや情報処理などの高次機能を司り，音韻ループと視空間スケッチパッドはそれぞれ言語的な情報と視空間的な情報の保持を担う。中央実行系と音韻ループの働きを合わせたものが言語性ワーキングメモリであり，言語的な情報の保持と処理を行う。他方，中央実行系と視空間スケッチパッドの働きを合わせたものは視空間性ワーキングメモリであり，視空間的な情報の保持と処理を行う。最後に，エピソードバッファーは，言語的な情報と視空間的な情報を結びつけて，長期記憶につなげる働きをする。

　乳幼児は，耳から聞いた音声情報に基づいて言葉を学習する。ワーキングメモリが発達し，大きいと，「しりとり」といった長い言葉も正確に聞き取り，覚えることができる。「しりとり」という音声情報を覚えながら，同時に，最後の音はなんだろう（「り」）と考えることが，音韻認識の働きである。これは，情報を保持し同時に処理を行うワーキングメモリの働きであり，音韻意識は，ワーキングメモリに基づいている。

　他方で，ワーキングメモリは，音声情報と視空間情報をつなげる働きをしている（バインディング）。「りんご」の「り」の音声情報と「り」という文字の視空間情報を結びつけて，「り」を読んだり，書いたりすることができる。「りんご」の文字を見たとき，「り」，「ん」，「ご」をそれぞれ音声化して，

3つの音をワーキングメモリに保持する。「り」,「ん」,「ご」の3つの音が
ワーキングメモリ内で,赤くて丸い果物のりんごと結びついたとき,「りん
ご」という1つの言葉の表象となる。仮名文字の学習を始めたばかりの1年
生は,1文字ずつ拾い読みをしながら,このように言葉のまとまりとして認
識し,さらに,一連の言葉から構成された文(「りんごは赤い」)を認識し,
その意味を理解する。そして,個々の音から1つの言葉の表象を形成する
間,子どもは,ワーキングメモリ内に個々の音を保持しておかなければなら
ない。りんごのイメージと結びつけるのに時間がかかると,個々の音を忘れ
てしまい,意味を理解できなくなる。

　書くときは,逆のプロセスになる。①書こうとする言葉の音声表象(「り
んご」)をワーキングメモリに思い浮かべる。②その1つの音声表象をモー
ラの単位に分解する(「り」「ん」「ご」)。③それに対応した文字の視空間情
報を思い浮かべる(「り」「ん」「ご」)。④視空間情報に合わせて手を操作し,
順次,実際の文字として書きあげる。そして,①〜③を行う間,音声情報や
視空間情報をワーキングメモリ内に覚えておかなければならない。忘れてし
まうと,書くことに失敗する。(Q17・18参照)

3.　読み書き障害

　「りんご」の文字を読むためには,読み終わるまで,音声情報を言語性
ワーキングメモリに保持できなければ,読むことに失敗する。他方,「りん
ご」と書くためには,書き終わるまで,3つ文字の視空間情報を視空間性
ワーキングメモリに保持できなければ,書くことに失敗する。言語性ワーキ
ングメモリまたは視空間性ワーキングメモリが健常の子どもよりも極端に小
さいなど,ワーキングメモリに何らかの問題を抱えていると,その子ども
は,読み書きの学習が困難となる。主にそうしたことが原因で,読み書き障
害が生じる。

参考文献
湯澤正通・湯澤美紀編著(2014)『ワーキングメモリと教育』北大路書房.

(湯澤正通)

Q22　文章を理解する認知プロセスについて述べなさい

　文字・音声が集まり単語になり，単語が集まり文になり，文が集まり文章となる。したがって，文章とは，何段階にも要素が重なった階層構造となっていると考えられる。つまり，文章を理解するためには，この階層構造を処理する必要があるのである。ボトムアップ処理とは，低次な要素から高次な要素へと進んでいくものであり，この場合，文字を読む→単語を認知する→文を理解する→文章を理解するという流れである。文字や文から読み取った情報に基づいて理解を進めていく。これに対して，トップダウン処理とは，高次な要素から低次な要素の意味を明らかにしていく処理である。文字や文から読み取った情報を認知しながら，これまでに得た知識やスキーマと関連させて文章の意味を推論することによって，各要素を解釈しながら文章全体の理解を深めるのである。

1．状況モデルの構成

　ボトムアップ処理に関連して，文章に明示されている単語通りの意味を解釈した内容をテキストベースと言う。それに対して，トップダウン処理に関連して，文章に明示された内容と読み手・聞き手が既にもっている知識から構成した心的表象を状況モデルと言う。状況モデルは，空間・時間・因果関係・登場人物・感情など，さまざまな特徴の推測から構成される。例えば，「彼は，ケーキを切って，子どもたちに配った」という文がある。この文には，何歳ぐらいの人が，どのようなケーキを，何を使って切ったのか，どうやって配ったのか記述されていない。しかし，多くの読み手・聞き手は「大人（少なくとも子どもたちより年上）の男性が，ホールのような大きめのケーキをナイフで均等に分け，分けられたケーキを一人ずつ皿に乗せて渡した」というような状況を思い浮かべたのではないだろうか。漠然とではあるが，場所は家の中，彼と子どもたちの関係は良好，互いの幸せそうな表情…このような様子まで心の中で表されているかもしれない。これは，読み手・

聞き手のこれまでの経験から蓄えられた，ケーキや人間関係にまつわる知識が活性化されたからである。記憶に蓄えられた知識は人それぞれであるため，同じ文章を読み・聞きしても，人によって最終的に心の中で表象されるイメージは完全に一致する訳ではないと考えられる。文章を読む際の読み手の心の中についてのイメージが図4-22-1である。

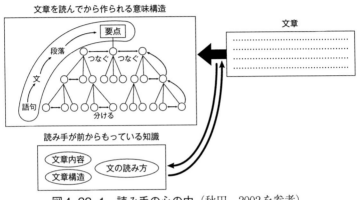

図4-22-1　読み手の心の中（秋田，2002を参考）

　読者にとって文章理解の目標は，その文章の状況モデルを構成することにある。ボトムアップ処理とトップダウン処理を同時に行いながら，読者は文章を理解し，状況モデルを構成する。その状況モデルの構成は，文章に書かれた情報に制約されるため，同じ文章を読んだとき，読解力のある読者の構成する状況モデルは基本的に一致する。他方，読解力の劣る子どもは，文章のどの情報に注意を向けたらよいか分からないため，構成した状況モデルが文章の情報と食い違うこともある。そのため，学校の国語の授業では，教材となる文章について，クラスで話し合いながら，協同的に状況モデルを構成していき，文章理解の方略（読解方略）を学習するのである。

2．ワーキングメモリ

　文章を読み，状況モデルを構成するうえで，ワーキングメモリが重要な役割を果たす（ワーキングメモリについて，Q17を参照）。文章を理解するためには，ワーキングメモリで個々の単語や文の意味を処理し，それを記憶に

保持しながら，次の単語や文の意味と関連づけ，ボトムアップ処理を進める。同時に，長期記憶からその文章の内容に関する知識を取り出し，トップダウン処理も行う。

　ワーキングメモリの容量には個人差があり，ワーキングメモリ容量が多いと，ボトムアップ処理だけでなく，トップダウン処理も行う認知的な余裕がある。他方，ワーキングメモリ容量が小さいと，ボトムアップ処理を行うだけで精いっぱいで，文章を高次の視点から見ることができず，特定の情報のみに注意を向け，構成した状況モデルが文章と食い違っていても気が付かない。そのため，ワーキングメモリの容量は，個人の読解力を予測する。

3．読解方略

　読解方略とは，読解時に読み手が行う手続き及び思考の方法で，理解プロセスに影響を与える。例えば，「難しい文は，自分のことばでかみ砕いて言い直しながら読む（意味明確化）」「分からないところはゆっくりと読む（コントロール）」といった理解補償方略，「大切なところに線を引く（要点把握）」「難しいことばや内容は理解しないで丸暗記してしまう（記憶）」「自分がどのくらい分かっているかをチェックするような質問を自分にしながら読む（質問生成）」といった内容理解方略，「接続詞に注目しながら読む（構造注目）」「既に知っていることと読んでいる内容を結び付けようとしながら読む」といった理解深化方略などがある。ワーキングメモリが小さくても，読解方略を効果的に利用することで，文章を効果的に理解し，適切な状況モデルを構成することが可能となる。子どもは，そのような読解方略の習得を国語の授業で身に着ける。

参考文献

秋田喜代美（2002）『読む心・書く心　文章の心理学入門』北大路書房.

川崎惠里子（2014）『文章理解の認知心理学－ことば・からだ・脳』誠信書房.

大村彰道監修，秋田喜代美・久野雅樹編（2001）『文章理解の心理学』北大路書房.

（福丸奈津子）

Q 23　幼児期から児童期における数量概念の発達について述べなさい

1．インフォーマルな数量概念の獲得

　学校教育で公式に学ぶフォーマルな知識と区別して，就学前の子どもが日常生活の中で自然に身につける数量に関する知識をインフォーマルな数量概念と呼ぶ。インフォーマルな数量概念は，就学後の算数学習の基盤となる。

　数量に対する認知能力は乳児期の段階ですでに獲得されている。例えば，数量の弁別に関して，6カ月児が1対2の割合で異なる集合数（8個と16個の黒丸や16個と32個の黒丸，8回と16回の聴覚刺激の回数など）を区別し，9カ月児になると2対3の割合で異なる集合数を区別できるようになることが見出されている。また，9カ月児は，5個の事物に5個の事物を加えると10個になり，逆に10個の事物から5個の事物を取り去ると5個になることを理解していることも示唆されている。

　子どもは，3歳半頃までに相対量や数量の加減の結果を理解できるようになり，4歳頃までに自然数の概念を獲得する。5歳頃になると，例えば3cm×1.5cmのチョコレート2個と3cm×3cmのチョコレート1個は同じといったように，数と量の関係を理解できるようになる。

　6歳頃には，数詞，数唱の方法，1単位量の増減に基づいた基数の知識が心的数直線に統合され，重さや大きさ，長さなどの量を判断することに用いられるようになる。例えば，幼児（5，6歳児）と小学校1，2年生に数直線課題（左端に0，右端に100が書かれた数直線上に，提示された数字の位置を示す）を行ったところ，幼児は，小さい数の間隔を広く表現し，大きい数の間隔を狭く表現した。一方，小学校2年生は提示された数字の間隔を適切に表現し，小学校1年生では両表現が混在していた。このことは，就学を境に，子どもがフォーマルな知識とインフォーマルな知識を融合させることや，少なくとも100までの数詞と1単位量の均等な増減に基づいた基数の知

識を心的数直線に統合している様子を示している。

２．計数の方略の発達

　加算や減算の問題を解答する際に使用される計数方略には発達的変化がみられる。例えば、「３＋５＝？」という加算の解決において、最も初歩的な方略は、「１，２，３，・・，７，８」と１から順番に数え上げる方法である。このような計算の仕方をcount‐all方略と呼ぶ。次の段階の方略は、被加数の３から加数分の５だけ数え上げる方法（「３，４，・・，８」）であり、これをcount‐on方略と呼ぶ。あるいは、より効率的な方略として、大きい方の数字５に小さい方の数字３を数え足すmin方略と呼ばれる方法（「５，６，７，８」）もある。他方、単純な計算については、解答を記憶し、その記憶を検索することで迅速な解答が可能になる。この方法は、記憶検索方略と呼ばれる。就学前の４歳から５歳の子どもの多くはcount‐all方略を使用し、６歳頃にはcount‐on方略やmin方略を使用するようになる。小学校１，２年生になると、min方略に加えて、記憶検索方略の使用が増加する。

３．算数とワーキングメモリ

　計算スキルや算数学力に影響を及ぼすものとして、近年ワーキングメモリが注目を集めている。例えば、４，５歳児においては、言語的短期記憶と言語性ワーキングメモリが、数唱や加算の成績と関連していることが見出されている。また、小学校１年生においては、特に言語的短期記憶の高い児童が正確な加算方略を獲得する一方で、ワーキングメモリが小さい児童は、数を数える際に指を使う傾向がみられる。より高学年の小学校３年生から６年生の児童に関しても、計算成績の個人差が言語性ワーキングメモリと視空間性ワーキングメモリによって説明されることが示唆されている。(Q17，18参照)

（渡邉大介）

Q 24　算数の文章題の解決プロセスについて述べなさい

1．算数の文章題の構造

　算数の文章題の問題文は，割当文と関係文，質問文の3種類の文で構成されることが多い。割当文とは1つの要素に1つの数値を割り当てた文，関係文とは要素間の数量関係を表現した文，そして質問文とは問いにあたる文である。基本的に問題文は割当文から始まり，次に関係文，最後に質問文の順序で組み立てられている。「たろう君の体重は20kgです。たろう君のお父さんの体重はたろう君の3.5倍です。お父さんの体重は何kgですか。」という問題文を例に考えてみる。「たろう君の体重は20kgです。」が割当文，「たろう君のお父さんの体重はたろう君の3.5倍です。」が関係文，「お父さんの体重は何kgですか。」が質問文に該当する。文章題を解く際には，こうした問題文の構造を把握する必要がある。

2．算数の文章題の解決プロセス

　算数の文章題の問題解決は，算数文章題を理解する理解過程と文章題を解く解決過程を通して行われる。さらに，利用する知識の違いによって，理解過程は変換過程と統合過程に，解決過程はプラン化過程と実行過程の下位過程にそれぞれ区分される。

　理解過程は，出題された文章題を読んで各文の意味・内容を理解し（変換過程），文同士の関係をまとめる（統合過程）プロセスである。変換過程では，記述されている各文の意味・内容を理解するために，算数の基本的事実に関する知識（例えば，1kgが1,000gであること）や文章の構文規則に関する言語知識を必要とする。また，統合過程では，文同士の関係を統合するために，文章題の記述内容に関連した既有知識を利用する。

　解決過程は，理解過程において獲得された意味・内容に基づいて，立式し

（プラン化過程），演算する（実行過程）プロセスである。プラン化過程では，理解した内容を反映した式を構築するために，アルゴリズム（公式や定式化された手順）やヒューリスティックス（経験則による解法）といった方略に関する知識を使用する。最後の実行過程では，構築された式を演算し，解を得るために，四則計算の手続き的知識を適用する。

　先述の問題文をもとに，算数の文章題の解決プロセスを具体的に考えてみる。最初に，学習者は文章題を読む。次に，個々の文の内容や全体構造を理解し，与えられた条件（たろう君の体重が20kgであり，お父さんの体重はその3.5倍であること）や求めるもの（お父さんの体重）を明確にする。この段階が変換過程であり統合過程である。それまでに学習者がこの種の文章題を解いたことがあるのであれば，小数のかけ算に関する知識が活性化され，基準にする大きさ（たろう君の体重20kg）に割合（3.5倍）をかけることで割合に当たる大きさ（お父さんの体重）を求めることができると判断する。こうして「20kg×3.5＝」という式を構築・演算し，「70kg」という積を得る。この段階がプラン化過程であり実行過程である。算数の文章題の問題解決を苦手とする学習者は，問題文理解における知識使用に難がある場合が多い。例えば，言語知識や算数に関する知識を適切に使用できなければ，問題文の意味・内容を理解することはできない。また，解法や計算の知識が不十分だと，正しく立式し演算することはできない。算数の文章題の解決は，学習者の知識構成と密接に関係している。

参考文献

多鹿秀継（1995）「算数問題解決過程の分析」『愛知教育大学研究報告（教育科学編）』44，pp.157-167.

多鹿秀継（2015）「小学生の算数文章題の解決過程」『心理学ワールド』70，pp.13-16.

多鹿秀継・石田淳一（1989）「子どもにおける算数文章題の理解・記憶」『教育心理学研究』37（2），pp.126-134.

（渡邉大介）

Q 25　日本における英語学習の課題について論じなさい

1．「聞くこと」「話すこと」「読むこと」「書くこと」の重視

　2020年，平成29年改訂小学校学習指導要領が施行された。小学校3・4年生対象の外国語活動においては，「聞くこと」「話すこと」が重視され，日本語と外国語の音声の違いに気づくことが目標の1つに挙げられている。また，小学校5・6年生対象の外国語においては，「読むこと」「書くこと」が加わり，実際のコミュニケーションにおいて活用できる基礎的な技能の習得が新たな目標となった。

　当然ながら，日本語を母語とする児童生徒にとって，言語のリズムや音声が異なる英語をただ聞き流すだけで上記の目標に到達することは困難であり，第二言語習得に関して教育心理学の領域で明らかになった知見を活かした系統的な学びが求められる。

2．日本人の音韻認識：音声知覚と言語のリズム

　ここでは日本語母語話者の言語に関する情報処理の特徴を示していきたい。日本語母語話者は，胎児期より日本語に触れ，生後すぐに日本語に対する偏好を示す。生後しばらくは，英語のrとlの区別がつくなど，多様な音声に対する敏感性を有しているが，数カ月を過ぎる頃にはそうした敏感性は消失し，日本語の言語リズムや音声にチューニングされる。幼児期後期には，日本語の読み書きの基礎となる音韻認識が育つこと，すでに英語を日本語の言語リズムや音声にもとづいて知覚をしていることが明らかとなっている。

　そもそも日本語と英語の両者の違いは大きい。例えば，日本語の言語リズムの最小単位は，主に子音（C：consonant）と母音（V：vowel）からなる拍であるのに対して，英語の言語リズムはCVC，CVCC，CCVC，CCVCCからなる音

節であり，英語のリズムは日本語に比べまとまりが大きい。加えて，日本語の音声は，母音5，子音11であるのに対して，英語の音声は母音19，子音26とされ（英国教育省の基準による），英語の音声は日本語に比べ多様である。

　結果，「聞くこと」「話すこと」に関して，日本語母語話者は，子音の後に母音があるかのように聞き間違えたり，英語の音声を日本語と類似した音声に置き換えるなどし，音声知覚が不正確になる傾向がある。つまり，日本語母語話者は，英語の音声知覚に母語の音韻認識が影響し，「聞くこと」「話すこと」の段階で困難さを示しやすい。また，文字の表記は，日本語は拍（CV）であるが，英語は子音と母音レベルで文字と音声を一致させる必要がある。そこでの躓きはその後の「読むこと」「書くこと」にも影響する。

3. 多感覚を用いたシンセティック・フォニックスの有効性

　現在，日本語母語話者が，英語の音声を正確に認識し，「読むこと」「書くこと」の基礎となるスキルを習得していくうえで，多感覚を用いたシンセティック・フォニックスの有効性が示されている。英語の音声を正しく知覚するために，「聞くこと」「話すこと」を重点とすることはもちろん，文字と音声の対応を，動作やストーリー，イラストを加え，多感覚に習得していく方法であり，「読むこと」「書くこと」の基礎となる英語の音韻認識を育む。

　日本語を母語とする幼児から中学生を対象とした研究でも，その効果が近年，確認されている。エビデンスならびに理論に基づいた英語学習のアプローチが教育現場に広がっていくことが期待される。

参考文献

湯澤美紀・湯澤正通・山下桂世子編著（2017）『ワーキングメモリと英語入門：多感覚を用いたシンセティック・フォニックスの提案』北大路書房.

（湯澤美紀）

Q 26　科学概念の学習と素朴概念との関係について述べなさい

1．素朴概念とは

　私たちは日常生活を通して，様々な自然の事物・現象を観察している。その際，私たちは科学的な理論に基づく概念（以下，科学概念）とは異なり，素朴な理論に基づく誤った概念（以下，素朴概念）を獲得・形成していることがある。例えば，物体を鉛直上向きに投げ上げて最高点に達した後，真下に落下する運動を観察したとしよう。科学的な理論に基づけば，物体を投げ上げて最高点に達した後，落下している最中はどの位置においても物体には鉛直下向きの重力が働いている。最高点に達した位置にある物体にも鉛直下向きに重力が働いているのだが，私たちはその位置にある物体には力が働いていないと考えてしまう。私たちは日常生活における自然の事物・現象の観察を通して，「最高点では物体は静止しているように見えるために力が働いていない」といった素朴概念を形成しているためである。

　また，私たちは，素朴概念に対して，科学的な理論とは異なる個人特有の理論による意味付けを行っている。そのため，当人にとって素朴概念は論理的な一貫性を持つことになる。その結果，私たちは往々にして，素朴概念に対して科学的な理論との矛盾点に気づかないものである。子どもたちの科学概念の学習において，素朴概念に意を払いながら学習指導を行う理由はこの点にある。

2．子どもたちの科学概念の学習

　子どもたちが誤った素朴概念を科学的知識として再構成し，科学概念として獲得・形成するためにはどのような学習を目指すべきであろうか。まず，子どもたち自身が素朴概念に対して批判的に捉え，科学概念と素朴概念との矛盾に気づかなければならない。先ほどの例で言えば，「最高点に達してい

る物体に力が働いていないのであれば，その後なぜ落下運動（等加速度直線運動）をするのだろうか？　等加速度直線運動をするのであれば，物体には何らかの力が働いているはずだ！」といった気づきがなければ，子どもたちには素朴概念を科学的知識として再構成する動機が芽生えない。

その際，子どもたちのメタ認知が重要な役割を果たすことになる。メタ認知とは自分自身の認知状態をモニターし，制御する能力のことである。それゆえ，科学概念の学習において，子どもたちが素朴概念を意識しながら批判的に捉えるには，メタ認知は欠くことができない能力である。一方で，日常生活において，子どもたちは科学者とは異なりメタ認知を積極的に働かせながら，素朴概念を意識して批判的に捉えることを求められる機会が少ない。このことは，子どもたちが素朴概念を根強く保持し続けている要因にもなっている。よって，子どもたちの科学概念の学習では，あえて素朴概念では説明できない課題を与え，認知的葛藤を引き起こさせ，子どもたちのメタ認知を働かせ，素朴概念に対して批判的に問い直す機会を与えるといった学習指導が必要である。

メタ認知は新しい学習指導要領が学習指導によって育成を目指す資質・能力の1つである「学びに向かう力」に通じるものである。したがって，これからの子どもたちの科学概念の学習では，メタ認知を意図的に働かせる学習指導がますます求められる。

参考文献

中央教育審議会（2016）「幼稚園，小学校，中学校，高等学校及び特別支援学校の学習指導要領等の改善及び必要な方策等について（答申）」http://www.mext.go.jp/b_menu/shingi/chukyo/chukyo0/toushin/__icsFiles/afieldfile/2017/01/10/1380902_0.pdf　2020年6月5日閲覧.

文部科学省（2018）『高等学校学習指導要領』.

湯澤正通（2008）「科学的思考と科学理論の形成におけるメタ認知」三宮真智子編著『メタ認知：学習力を支える高次認知機能』北大路書房.

（草場　実）

Q27　理科の授業を例に「教えて考えさせる」授業の具体的例を述べなさい

1.「教えて考えさせる授業」とは

　「教えて考えさせる授業」とは，子どもたちが各教科における知識や技能を習得するために考案された授業デザインである。そのデザインは認知心理学における人間の情報処理過程の理論が基盤となっている。

　「教えて考えさせる授業」の基本的な展開は，①教師からの説明，②理解確認課題，③理解深化課題，④自己評価である。①教師からの説明は「教えて」の段階であり，子どもたちに学習内容に関する情報を提示し，学習内容を理解させる活動である。②理解確認課題は「考えさせる」の第一段階であり，子どもたちが学習内容に関する基礎的な課題を行うことで，自分自身が理解できているのかをモニターする活動である。③理解深化課題は「考えさせる」の第二段階であり，子どもたちが学習内容に関する知識や技能を活用する課題を行うことで理解を深める活動である。④自己評価は「考えさせる」の第三段階であり，「分かったこと／分からなかったこと」などを振り返ることでメタ認知を促進し，学習内容のより一層の理解を深める活動である。

2.理科における「教えて考えさせる授業」の具体例

　中学校理科の小項目「力学的エネルギーの保存」において「教えて考えさせる授業」の具体例を考えてみよう。本単元では，物体のもつ力学的エネルギーが運動の過程で一定に保たれること（力学的エネルギーの保存）を理解することが目標である。

　「教師からの説明」の場面では，まず，運動エネルギーと位置エネルギーの和を力学的エネルギーと言うことを説明する。そして，位置エネルギーは物体の質量と基準面からの位置を変数に，運動エネルギーは物体の質量と速さを変数にもつことを説明する。さらに，力学的エネルギーは運動の過程で

は一定に保たれることを説明する。次に，静止している物体が斜面から下った後に直線上を運動する場面を設定する。物体が斜面を下る前，斜面の高い位置や低い位置で下っている時，直線上を運動しているときの物体の力学的エネルギー，位置エネルギー，運動エネルギーのそれぞれに数値を割り当て，その量的関係を視覚的に理解することを目指したワークシートなどを用いて説明する（図5-27-1）。

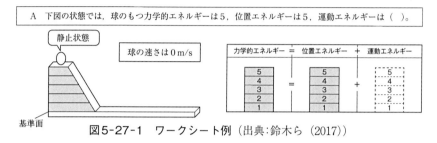

図5-27-1　ワークシート例（出典：鈴木ら（2017））

「理解確認課題」の場面では，斜面が緩やかなものと急なものの2つのコース（基準面からの直線上の位置は同じ）を設定する。それぞれのコースで物体が斜面を下った後の直線上の同じ距離を移動する時間を予想する課題を与える（図5-27-2）。その際，補助ボード（図5-27-3）などを用いて，予想とその根拠についてペアやグループでお互いに説明し合う。その後，それぞれのコースの物体の移動時間を測定し，各グループの結果をホワイトボードに記入した後クラス全体に共有する。クラス全体の議論を通して，斜面の勾配（物体の運動の過程）に関係なく，直線上を運動する物体の速さが同じになることを確認する。

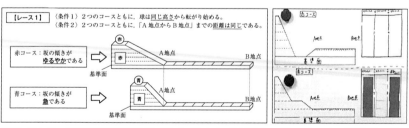

図5-27-2　理解確認課題の例（出典：鈴木ら（2017））　　図5-27-3　補助ボード
　　　　　　　　　　　　　　　　　　　　　　　　　　　　　　（出典：鈴木ら（2017））

　「理解深化課題」の場面では，物体が斜面を下った後に上るものと2回に分けて下った2つのコース（基準面からの直線上の位置は同じ）を設定する。「理解確認課題」と同様に，物体が直線上の同じ距離を移動する時間を予想する課題を与える（図5-27-4）。同様に，補助ボードなどを活用しながら予想の根拠についてペアやグループでお互いに説明し合う。最終的には物体の運動の過程には関係なく，直線上を運動する物体の速さが同じになることの理解を深める。

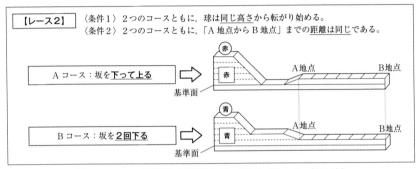

図5-27-4　理解深化課題の例（出典：鈴木ら（2017））

　「自己評価」の場面では，授業を終えて「自分が分かったこと」，「まだ分からなかったこと」を自己報告する。そのことで子どもたちのメタ認知が促進され，物体（質量は同じ）がもつ位置エネルギーが同じであれば，力学的エネルギー保存より，運動の過程に関係なく物体のもつ運動エネルギーも同じになる（ゆえに速さも同じになる），といったより一層の理解を深める。

参考文献

市川伸一（2008）『「教えて考えさせる授業」を創る』図書文化.

市川伸一編著（2013）『「教えて考えさせる授業」の挑戦』明治図書.

文部科学省（2017）中学校学習指導要領.

鈴木達也・草場実・筋野健治・横川真知・湯澤正通（2017）「ワーキングメモリ理論に基づく理科授業の提案（Ⅱ）」『日本理科教育学会四国支部会報』35, pp.3-4.

（草場　実）

第5章

動機づけと情動

Q 28　動機づけの意味と動機づけ要因について説明しなさい

1．動機づけの定義と性質

　動機づけ（motivation）は，人々の普段の様々な行動（例えば，書く，話す）や心的活動（例えば，考える，感じる）がなぜ，どのように起こるかを説明する概念である。動機づけとは，行動や心的活動を，一定の方向に向けて生起させ，持続・調整させるプロセスであると定義されている。教育場面で言えば，学習目標に向けて，児童・生徒の学習行動を引き起こさせ，粘り強く取り組ませ，適切に行動を調整させる過程ということになる。

　動機づけは，強度と指向性の2側面から理解することが可能である。強度とは，動機づけの量的側面であり，行動・心的活動が生起するかどうか，生起の強さと頻度，そして持続の長さに関わる側面である。指向性とは，動機づけの質的側面であり，行動・心的活動が何を目指しているのかに関わる側面である。強度と指向性によって特徴づけられる動機づけの概念は，大きさと方向性を持つ物理学での「力」に類似するところがあると考えられる。

2．動機づけの要因

　動機づけの研究では，特定の行動・心的活動は，個人内要因と環境・文脈要因の働きによって生起すると考えられている。個人内要因が「動機」

（motive），環境・文脈要因が「誘因」（incentive）と呼ばれる場合もある。例えば，Aさんの課題への取り組みは，Aさん自身が課題を完成させたいという個人内要因（動機）による可能性もあるし，学校の先生から課題が出されたという環境・文脈要因（誘因）による可能性もある。また多くの場合，特定の行動・心的活動の生起は，単純に個人内要因か環境・文脈要因のいずれか一方によって規定されるというよりは，両方の相互作用の結果であると考えられている。

（1）個人内要因

動機づけの個人内要因として，「欲求」（または「要求」），「認知」，「感情」が挙げられる。欲求・認知・感情の種類によって質的に異なる動機づけが形成され，欲求・認知・感情の強さは動機づけの強さに関連している。

①欲求（要求）：われわれの行動や心的活動は，様々な欲求（要求）によって駆り立てられている。欲求の中には，食事や睡眠のような生命活動を維持するための「生理的欲求」と，他者からの承認や称賛を得たい，他者に好かれたいなどの「社会的欲求」，自分の有能さを成長させたい，自己決定したいなどの「心理的欲求」が含まれる。そのうち，社会的欲求と心理的欲求が質的に異なる学習動機づけの形成と学習行動に密接に関連していると考えられている。例えば，他者からの承認や称賛を得たい欲求が外発的な学習動機づけ，自分の有能さを成長させたい欲求が内発的な学習動機づけの形成に関連する。

②認知：動機づけは個人が持っている価値，目標，予期などの認知的要因によって異なる。例えば，英語を話せるようになることが自分にとって大切だと価値を感じる人や英語を上達させることができるという予期を持つ人は，そうでない人に比べ，英語学習への動機づけが高いことが考えられる。また，個人が持つ学習の価値や目標の種類によって，形成される動機づけの質も異なる。例えば，自分の能力を向上させる目的で学習することは課題自体に焦点を当てる学習動機づけの形成に関連し，自分の能力を他者に示す目的で学習することは自分という存在に焦点を当てる学習動機づけの形成に関連する。

③感情：感情も行動や心的活動の重要な規定因である。例えば，面白い（感

情）と感じる本を読んだ後，われわれは引き続きその本を読みたいと考えたり，嫌な（感情）体験に対して，２度とやりたくないと考えたりするだろう。このように，様々な感情体験は，次の行動を大きく左右している。学習場面においても，児童・生徒が様々な感情を体験している。楽しさ，希望，誇らしさ，安堵などのポジティブな感情体験もあれば，退屈，不安，落胆などのネガティブな感情体験もある。また，学習の中で他者との関わりを通して，感謝や同情を感じたり，怒りや嫉妬を感じたりすることもある。これらの感情は，質的に異なる動機づけ（例えば，習得したいという接近的な動機づけ，逃げたいという回避的な動機づけ）の形成に関連し，児童・生徒の学習行動に影響を及ぼしている。

　上記３つの要因は，それぞれ独立的に働くのではなく，相互に影響しながら，動機づけに影響を与えると考えられている。

（2）環境・文脈要因

　環境・文脈要因は，大きく物理的文脈，対人的文脈，社会・文化的文脈の３つに分けられる。学習場面における具体例として，例えば学習環境の静かさ，照明の明るさ，温度の適切さ，テキストの分かりやすさ，課題のタイプなどの物理的文脈，教員の親切さや教授の仕方，クラスメイトとの関係性，クラスの雰囲気，家族のサポートや価値観などの対人的文脈，学校や国の制度，社会的価値観などの社会文化的文脈が挙げられる。

　環境・文脈要因は，個人内要因に影響を及ぼすことを通して，動機づけの質と量に影響を与えるとされている。教育場面でいえば，学習課題を選択できる機会を与えることで，児童・生徒の自己決定の欲求が満たされ，内発的な学習動機づけが高まることが考えられる。一方で，賞罰や命令を与えることで，児童・生徒の自己決定の欲求が阻害され，外発的な学習動機づけが高まることにつながる。

参考文献

鹿毛雅治（2013）『学習意欲の理論』金子書房.
上淵　寿・大芦 治編著（2019）『新・動機づけ研究の最前線』北大路書房.

（湯　立）

Q 29　外発的動機づけと内発的動機づけについて説明しなさい

　外発的動機づけ（extrinsic motivation）と内発的動機づけ（intrinsic motivation）の大きな違いは、行動・心的活動（以下、活動）が手段であるのか、それとも目的であるかという点である。以下、外発的動機づけと内発的動機づけの特徴について述べる。

1．外発的動機づけ

　外発的動機づけは、活動が手段となっている動機づけである。勉強する理由を例に挙げると、「勉強をしないと親に怒られるから勉強する」、「良い点を取ったらご褒美がもらえるから勉強する」、といったものが挙げられる。これらは親に怒られないことやご褒美をもらうことが大きな目的であり、その目的を達成するための手段として勉強という活動に従事している。勉強以外の例を挙げると、「給料のために仕事をする」、「褒めてもらうためにお手伝いをする」なども外発的動機づけにあてはまる。外発的動機づけは、活動そのものとは直接的に関係のない目的のために、報酬を得たり、罰を回避したりする手段として活動に取り組む。そのため、「アメとムチ」による動機づけであると言われる。

　外発的動機づけは、しばしば内発的動機づけと対比され、内発的動機づけは望ましい結果につながる一方で、外発的動機づけは望ましい結果につながりにくいと考えられてきた。しかし近年では、外発的動機づけの中にも適応的な動機づけがあるのではないかという議論がなされ、その概念の整理がされている。デシとライアン（2000）が提唱した自己決定理論（self-determination theory）のミニ理論である有機的統合理論（organismic integration theory）では、自律性に着目して外発的動機づけを整理し、外発的動機づけの中でも適応的なものがあることを指摘している。例えば、「将来医者になって人を救うために勉強をする」といった理由において勉強は、医者になったり人を

救ったりするための手段である。そのため，この理由は外発的動機づけに該
当する。しかし，上記の理由で学ぶ者は周りから勉強しなさいと言われた
り，外部からご褒美などの報酬が与えられたりしなくても自ら進んで，自律
的に勉強をするだろう。このような自律的な動機づけで学ぶ者は，「親に勉
強しなさいと言われるから」といった他律的な動機づけで学ぶ者に比べ，望
ましい学習方略を用いたり，パフォーマンスが優れていたりすることが多く
の研究で示されている。

　外発的動機づけの測定やその効果の研究は，しばしば質問紙を用いた調査
によって行われる。例えば，学習動機づけの場合は，動機づけを測定する尺
度を用いて，勉強する理由として各項目がどの程度あてはまるのか評定を求
める。そして，集団ごとにその得点を比較したり，その得点と他の尺度の得
点やテスト成績などとの相関関係を見たりすることで，どのような動機づけ
を有していることが望ましいのかが検討されている。

2．内発的動機づけ

　内発的動機づけは行動そのものが目的となっている動機づけである。勉強
する理由を例に挙げると，「楽しいから勉強する」，「興味があるから勉強す
る」，などといったものが挙げられる。これらは，勉強をすることそのもの
を目的として活動に従事している。勉強以外の例を挙げると，「楽しいから
サッカーをする」，「面白いからパズルに没頭する」なども，内発的動機づけ
にあてはまる。

　従来の動機づけの考えでは，人は本来怠け者で行動するためには外的な罰
や報酬が必要であると考えられていた。そのため，罰や報酬によらない内発
的動機づけに関してはあまり関心がもたれていなかった。そんな中，内発的
動機づけの概念の発展に大きな影響を与えた研究が，ヘッブの実験やハーロ
ウの実験である。ヘッブらは，実験参加者の感覚を遮断し，その状態でどれ
くらい過ごすことができるのかを検証した。その結果，多くの参加者は刺激
が欲しいと話し，比較的早い段階でリタイアした。また，ハーロウはアカゲ
サルにパズルを与えてその様子を観察した。すると，パズルを解いても罰や

報酬がないにもかかわらずサルはパズル解きに従事した。これらの研究より，人や動物は罰や報酬によらなくても，新しい刺激を求めたり，興味や関心に基づいて活動したりといった内発的な動機づけを有していることが認められた。

　内発的動機づけの測定方法として，伝統的に2つの手法が用いられる。1つ目は自己報告（self-report）による測定である。これは，質問紙などを用いて課題に対する興味や面白さを報告してもらう測定方法である。この手法を用いた調査で，内発的動機づけで課題に取り組むことは，エンゲージメント（engagement）やパフォーマンス，ウェルビーイング（well-being）の向上など，ポジティブな結果につながることが明らかにされている。

　2つ目は自由選択（free-choice）による測定である。この手法では，パズルなどの課題を課した後に，実験参加者をその課題や暇つぶしに使える雑誌等が置いてある部屋に残し，自由に過ごすように教示する。部屋に残された参加者が課題に興味を抱いていたり，もっと取り組みたいと思っていたりする場合は，報酬がなくとも自由時間にその課題に取り組むはずである。一方で，興味関心を抱いていない場合には，課題に取り組もうとしないだろう。自由選択による測定では，この自由時間における課題への従事時間を内発的動機づけの指標とする。デシ（1971）の実験では大学生を個別に実験室に呼び，ソマパズルと呼ばれる大人でも取り組んでいて楽しいと思えるパズルに取り組んでもらった。その際に，参加者を2つの群に分け，片方の群にはパズルが解けると報酬（金銭）を与え，もう片方の群にはパズルを解いても報酬を与えなかった。そして，その後に自由時間として参加者を部屋に残して自由に過ごしてもらい様子を観察した。その結果，報酬を与た群では，自由時間にパズルに従事する時間が短かった。このことは，報酬をもらうことで，パズルへの興味が失われたことを意味する。このような手法によって，もともと内発的動機づけで取り組んでいる活動に対して報酬を与えることで，内発的動機づけの低下を招くアンダーマイニング現象（undermining effect）が確認された。なお，このアンダーマイニング現象は，村山ら（2010）の研究により脳神経科学的な観点からも検証されている。

参考文献

Edward L. Deci（1971）. Effects of externally mediated rewards on intrinsic motivation. *Journal of Personality and Social Psychology,* 18, 105‐115.

Edward L. Deci, and Richard M. Ryan.（2000），The "what" and "why" of goal pursuits: Human needs and the self-determination of behavior. *Psychological Inquiry,* 11, 227‐268.

Richard M. Ryan, and Edward L. Deci（2017），*Self-determination theory: Basic psychological needs in motivation, development, and wellness,* The Guilford Press.

Kou Murayama, Madoka Matsumoto, Keise Izuma, and Kenji Matsumoto（2010）"Neural basis of the undermining effect of monetary reward on intrinsic motivation," *Proceedings of the National Academy of Sciences of the United States of America* 107, pp. 20911‐20916.

Mark R. Lepper, David Greene, and Richard E. Nisbett（1973）. Undermining children's intrinsic interest with extrinsic reward: A test of the "overjustification" hypothesis. *Journal of Personality and Social Psychology,* 28, pp. 129‐137.

（三和秀平）

Q 30 原因帰属と動機づけの関係について説明しなさい

1. 原因帰属の概要

　原因帰属（causal attributions）とは，物事の成功や失敗の原因を模索し，ある要因に帰属することを表す。具体的には，試験でよい点数がとれたという成功場面の原因を「日ごろからしっかり勉強してきた」，「試験直前に開いた教科書や問題集のページから多く出題された」，「先生の教え方がよかった」などと理由づけることが挙げられる。そして，上記の例のなかでも「日ごろからしっかり勉強してきた」と帰属することは，自身の努力に応じて「やればできる」という認識を高めることにつながり，「試験後も勉強を頑張ろう」という学習意欲を高めるだろう。それに対して，試験で悪い点数をとったという失敗場面の原因を「能力が足りなかった」と帰属することは，自身の有能感を低めることにつながり，学習意欲を低下させる恐れがある。このように，学習者にとって，成功や失敗の原因を同定する原因帰属は，その後の動機づけと関係する。

2. 原因帰属の次元と心理的影響

　ワイナー（Weiner, B.）は，原因帰属を以下の3次元から整理したうえで，それぞれの要因に帰属することがどのような心理的影響をもたらすのかについて説明している。

（1）所在（locus）

　所在の次元とは，原因が自身の内面に存在するのか外面に存在するのかという原因の位置に関する次元である。試験場面に沿うと，内的な原因とは，自身の能力や日ごろの学習（努力）などが該当する。反対に，外的な原因とは，先生の教え方や試験の難易度，運などが該当する。そして，所在の次元は，誇りや恥といった自尊心に関連する感情の在り方と関係する。例えば，

試験の成功場面において，内的な原因である能力や日ごろの努力に帰属すると，自身の有能感の向上などにつながることで，自尊心にポジティブな影響を及ぼすものの，外的な原因である先生の教え方や運などに帰属すると，自尊心に対する影響は小さくなる。それに対して，失敗場面において，内的な原因である能力や日ごろの努力に帰属すると，自分の能力や努力では，対処できないと認知することにつながり，自尊心が脅かされる危険性が高くなるものの，外的な原因である先生の教え方や試験の難易度に帰属すると，自尊心への影響は小さくなる。

（2）安定性（stability）

安定性の次元とは，原因が安定しているのか不安定なのかに関する次元である。安定している原因とは，変動する可能性の低い原因を表し，自身の能力や日ごろの努力などが該当する。反対に，不安定な要因とは，変動する可能性の高い原因を表し，一時的な努力（例：試験前の勉強）や気分，運などが該当する。そして，安定性の次元は，遭遇した事態が再び起こるかどうかに関する期待と関連する。例えば，試験の成功場面において，安定的な要因である能力や日ごろの努力に帰属すると，「次の試験でもよい点数がとれる」というポジティブな期待の形成につながり得るものの，運などの不安定な要因に帰属すると，ポジティブな期待とは結びつきにくい。それに対して，試験の失敗場面において，安定的な要因である能力や日ごろの努力に帰属すると，「今後もうまくいかない」というネガティブな期待を形成することにつながってしまう危険性が高くなるものの，気分や運といった不安定な要因に帰属すると，失敗は，一時的な経験に過ぎないため，ネガティブな期待は，形成されにくい。

（3）統制可能性（controllability）

統制可能性の次元とは，自身がその原因をコントロールすることが可能なのかどうかに関する次元である。統制可能な原因とは，意図的にコントロールすることが可能な原因であり，日ごろの努力などが該当する。統制不可能な原因とは，試験の難易度や気分，運などのコントロールが困難な要因が該当する。そして，統制可能性は，コントロール感の知覚などと関連する。具

体的には，努力などの自身にとって統制可能な行動に帰属すると，出来事の結果をコントロールできると認知し，動機づけを高めることが見込めるものの，先生の教え方や試験の難易度，運などの自身にとって統制不可能な原因に帰属すると，自身の意のままにコントロールすることが難しいため統制可能な要因と比べると，動機づけを高める効果は見込めない。

3．原因帰属と動機づけの関係

ワイナーは，上記のように，各次元への帰属の仕方によって，その後の心理的影響が異なることを提唱している。さらに，帰属する次元の組み合わせによって，動機づけが左右されることを仮定している。

一般的に，成功場面では，日ごろの努力などの内的で安定している要因に帰属することで，動機づけにポジティブな影響があるとされている。それに対して，失敗場面では，能力などの内的で安定的かつ統制不可能な要因に帰属すると動機づけを低下させる恐れがあるとされている。さらに，気分や体調といった要因に帰属すると，失敗に起因する後悔感情が引き起こされないため，その後の学習行動につながらないという研究結果も報告されている。よって，失敗場面では，一時的な努力（例：試験前の勉強）などの内的でコントロールが可能な要因ではあるものの，不安定な要因に帰属させることで，ネガティブな期待ではなく，ポジティブな期待を持たせるようにすることや物事に対するコントロール感の知覚を高めさせるといった工夫が必要であると考えられる。

参考文献

中西良文（2012）「成功や失敗経験の影響」速水敏彦監修，陳惠貞・浦上昌則・高村和代・中谷素之編『コンピテンス－個人の発達とよりよい社会形成のために』ナカニシヤ出版，pp. 20-29.

奈須正裕（2002）『やる気はどこから来るのか－意欲の心理学理論』北大路書房.

（海沼　亮）

Q 31　期待－価値モデルについて説明しなさい

　心理学の研究において，期待（expectancy）と価値（value）の概念および両概念に基づく理論的モデルは長い歴史を持っている。代表的なモデルには，1950年代にアトキンソン（J. W. Atkinson）が提唱した最初の期待－価値モデル，エックレス（J. S. Eccles）らにより拡張・精緻化された期待－価値モデルが挙げられる。

1．アトキンソンによる期待－価値モデル

　アトキンソンは，達成関連の行動（例えば，達成への努力や粘り強さ，達成課題の選択）を説明するために，以下のモデルを提起している。

　達成動機づけ＝達成欲求×期待×価値（誘因価）

　このモデルでは，達成動機づけが達成欲求，期待と価値（誘因価）によって規定されると仮定されている。達成欲求の強さは，成功を求める志向（接近的な志向）と失敗を避ける志向（回避的な志向）の差で表されている。すなわち，失敗を回避したい動機志向より成功を求めたい動機志向が強い人は，達成行動が起こりやすいと考えられている。期待とは，特定の課題が成功する可能性に対する主観的見込み（主観的成功確率）である。価値（誘因価）とは，課題を成功した結果得られた快感情（例えば，誇り）を指している。アトキンソンは，実験室実験による研究の結果をもとに，価値（誘因価）は，成功する可能性に対する主観的見込みによって規定されると考えており，価値と期待の関係を「価値＝1－期待」と仮定している。すなわち，目標達成の困難度（成功する可能性に対する主観的見込み）が中程度（p ＝ .50）であるときには，より困難である（p ＜ .50）ときとより容易である（p ＞ .50）ときに比べ，達成動機づけが強いと考えられている。以上より，アトキンソンのモデルを展開すると，以下のようになる。

　達成動機づけ＝（接近的な志向－回避的な志向）×期待×（1－期待）

　アトキンソンのモデルにおいては，回避的な志向より接近的な志向が強

く，かつ，期待が中程度である時に，達成動機づけが最も強いと考えられている。また，達成欲求，期待と価値のいずれかがゼロであれば，達成動機づけはゼロになる。

2．エックレスらの期待－価値モデル

エックレスらの期待－価値モデルは，当初，数学の学習における達成行動の性差を説明するために提起されており，1980年代に提唱されてから，変数間の関連の整理や「価値」の意味内容の精緻化がなされている。エックレスらによる最新版の期待－価値モデルを図5-31-1に示す。

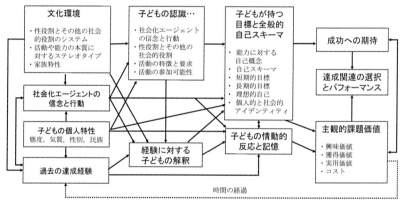

図5-31-1　エックレスらの達成動機に関する期待－価値モデル
（Eccles Wigfield，2020，Figure1；解良・中谷，Figure1を参考に筆者作成）

エックレスらのモデルにおいて，達成関連の行動に最近接の予測要因として期待と価値を仮定している点は，アトキンソンのモデルと一致している。しかし，エックレスらのモデルにおける価値の捉え方や価値と期待の関係に関する仮定は，アトキンソンのモデルと異なる。エックレスらのモデルにおいては，期待とは，次の課題をうまく遂行できるかどうかに関する信念である。価値とは，特定の課題に対する主観的な認識（主観的課題価値）であり，「獲得価値」，「内発的価値」，「実用的価値」，「コスト」の4つに区別されている。期待と価値の間における逆比例的な関係は仮定されていない。

　4種類の主観的課題価値について，「獲得価値」とは，課題をうまく遂行することの個人的重要性を指し，個人のアイデンティティと深く関係している価値である。「内発的価値」とは，課題の遂行から得られた楽しさであり，興味や内発的動機づけと類似する概念である。「実用的価値」とは，目下の課題が個人の将来目標に適合する程度である。この3つは，課題に関するポジティブな価値である。一方で，「コスト」はネガティブな価値を表している。コストには，ある課題の選択に伴う他の選択の犠牲，課題を達成するために必要な努力への予期，失敗した時の心理的な負荷などが含まれる。

　エックレスらのモデルでは，期待と価値の発達プロセスにも注目しており，期待と価値を規定する心理的，社会的，文化的要因を仮定している点もアトキンソンのモデルと異なる。具体的には，期待と価値は子どもが持つ目標と自己スキーマ，情動的反応と記憶によって規定されると仮定されている。また，子どもの目標と自己スキーマ，情動的反応と記憶は，過去の達成体験に対する子どもの解釈からの影響を受けるとともに，親・教師など子どもの社会化を促進させる重要な他者（社会化エージェント）から伝達された認識や重要な他者の信念と行動に対する子どもの解釈にも影響されている。さらに，子どものこれらの認知や解釈の背景には，社会的・文化的要因が存在することが仮定されている。このように，エックレスらの期待－価値モデルでは，子どもの達成に対する期待と価値の形成における文化環境や重要な他者の影響が重要視されている。

参考文献

鹿毛雅治（2013）『学習意欲の理論』金子書房.

解良優基・中谷素之（2019）「課題価値のもつ概念的特徴の分析と近年の研究動向の概観」『アカデミア. 人文・自然科学編』17, pp. 95-116.

Eccles, J. S. & Wigfield（2020）From expectancy-value theory to situated expectancy-value theory: A developmental, social cognitive, and sociocultural perspective on motivation. *Contemporary Educational Psychology, 61,* Article 101859.

（湯　立）

Q 32 達成目標理論の歴史的変遷（展開）について説明しなさい

1. 達成目標理論の起源

　達成目標理論（achievement goal theory）では，学習場面などの課題に従事する際に，人は，有能さを求めることを仮定している。例えば，期末試験において，ある人は，「多くの問題に正答すること」を目標として，有能であることを目指すのに対し，ある人は，「まわりより良い成績をとること」を目標として有能さの体現を試みる。このように，有能さを個人がどのように捉え，判断するのかについて概念化した理論が達成目標理論である。すなわち，達成目標理論とは，人の有能さの捉え方について着目した目標理論である。

　達成目標理論は，1980年代に複数の研究者によって提唱されたが，当初の理論では，熟達目標（mastery goal）と遂行目標（performance goal）の2つの目標について数多くの研究がなされた。熟達目標とは，課題の理解や自己の能力の伸長を目指す目標であり，「多くの問題に正答すること」や「中間試験のときより良い成績をとること」といった目標が該当する。一方で，遂行目標とは，周囲からポジティブな評価を獲得することやネガティブな評価を避けることを目指す目標であり，「まわりより良い成績をとること」や「まわりより悪い成績をとらないこと」といった目標が該当する。

　そして，熟達目標を持つ場合，問題をより良く理解することや自身の能力を高めることに関心があるため，効果的な学習方法を活用するなどの適応的な学習に結びつくことが明らかにされてきた。それに対して，遂行目標が学習や成績に与える効果については，統一的な見解が見出されなかった。

2. 基準の導入による達成目標理論の精緻化

　1990年代後半から達成目標理論の精緻化が試みられるようになった。その中でもエリオット（Elliot, A. J.）は，遂行目標を望ましい結果の獲得を志向す

る「接近」と望ましくない結果の獲得の回避を志向する「回避」の二側面から捉える試みを行った。すなわち，遂行目標を自身の有能さを他者に示すことや，他者を上回ることを目指す遂行接近目標（performance-approach goal）と他者より劣ることや，他者から無能であるとみなされることの回避を目指す遂行回避目標（performance-avoidance goal）に弁別した。具体的には，遂行接近目標とは，「まわりより良い成績をとること」といった目標が該当する。遂行回避目標とは，「まわりより悪い成績をとらないこと」といった目標が該当する。

　その結果，遂行目標の中でも特に，他者よりも劣ることの回避を志向する遂行回避目標が学習の面白さや楽しさを表す内発的動機づけや成績を低めるといったネガティブな働きを有することが示された。一方で，遂行接近目標は，成績を高めるなどのポジティブな働きを有することが示された研究結果も報告されるようになったものの，一義的な効果は見出されなかった。

　また，エリオットは，達成目標理論全体に対する理論的精緻化も試みている。具体的には，成功への接近と失敗の回避という「有能さの価（valence）」に関する基準の導入に加え，熟達目標と遂行目標を定義する「有能さの定義（definition）」に関する基準も導入することで，端的に達成目標を定義した。すなわち，自身の有能さを過去の自分や課題に対して設定した目標にどの程度近づけているかという「個人内・絶対的」評価によって判断するか，他者との比較から目標進捗を判断する「相対的」評価によって判断するかという評価の基準から達成目標を捉えた。そして，この2軸を用いることで，熟達目標も従来の熟達目標に相当する熟達接近目標（mastery-approach goal）と誤った理解を避けることや課題に対し，ミスのないことを目指す熟達回避目標（mastery-avoidance goal）に弁別されるようになった。その後の達成目標理論では，熟達接近目標，熟達回避目標，遂行接近目標，遂行回避目標の4目標について，理論的・実証的に扱う動きがみられるようになった。

3．近年の達成目標理論の展開

　近年の達成目標理論において，エリオットは，「有能さの定義」をさらに

細分化した枠組みについて実証的研究を展開している。具体的には，評価基準の「個人内・絶対的」の軸をさらに，「個人内（自己）」と「絶対的（課題）」に弁別した達成目標理論を提唱している。すなわち，熟達接近目標と熟達回避目標を課題への正しい対処を目指す「課題接近目標（task-approach goal）」，課題への誤った対処の回避を目指す「課題回避目標（task-avoidance goal）」，自己の成長を目指す「自己接近目標（self-approach goal）」，以前の自分より劣っていないことを目指す「自己回避目標（self-avoidance goal）」に細分化した。また，遂行目標に関する「相対的」の基準は，「個人間（他者）」の基準として表されるようになり，従来の遂行接近目標に相当する目標は，「他者接近目標（other-approach goal）」，遂行回避目標に相当する目標は，「他者回避目標（other-avoidance goal）」として，概念化されるようになった。

　そして，従来の熟達接近目標の中でも課題接近目標が，内発的動機づけや学習への効力感と関係していることが示された。一方で，自己接近目標は，内発的動機づけや学習への効力感との関係が確認されなかったものの，授業への意欲との関係が確認された。このように，熟達接近目標のなかでも自身が有能であることを課題に対する基準によって判断するのか，自己に対する基準によって判断するのかによって，学習に対して異なる働きを持っていることが示された。また，他者接近目標は，試験成績や学習への効力感と関係していた。それに対して，他者回避目標は，試験成績や学習への効力感を低めたり，試験に関する不安を高めたりする効果が報告されている。

参考文献

櫻井茂男（2009）『自ら学ぶ意欲の心理学－キャリア発達の視点を加えて』有斐閣.

上淵 寿（2019）「第1章　達成目標理論」上淵 寿・大芦 治編著『新・動機づけ研究の最前線』北大路書房，pp.20-44.

（海沼　亮）

Q 33　自己決定理論について説明しなさい

　自己決定理論（self‑determination theory）はデシとライアン（2000）により
提唱された，人の行動およびパーソナリティの発達に関する動機づけ理論で
ある。内発的動機づけの考え方を発展させたものであり，外発的動機づけを
含む人の動機づけを包括的にとらえている。この理論は，学習動機づけや進
学への動機づけ，友人関係への動機づけなど教育の多様な文脈で研究されて
いる。さらに，教育だけでなくスポーツや仕事，福祉など様々な領域にも応
用されている。

　自己決定理論には現在のところ6つのミニ理論があり，現在も発展を続け
ている。以下，自己決定理論のミニ理論である「認知的評価理論」，「有機的
統合理論」，「因果志向性理論」，「基本的心理欲求理論」，「目標内容理論」，
「関係性動機づけ理論」について説明する。

1．認知的評価理論（cognitive evaluation theory）

　認知的評価理論は，報酬や罰などの社会的な要因が内発的動機づけに与え
る影響について理論化したものである。この理論では，個人が社会的な要因
をどのように認知したのかが，内発的動機づけの変化と関連すると考えてい
る。中でも，自分の行動を自分で決めているという自律性と，自分の能力を
示すことができているという有能さが着目され，社会的な要因が自律性や有
能さを高めるのか，それとも阻害するのかということが動機づけの変化にお
いて重要となると考えられている。

　デシは興味や関心を持っている活動に対してお金のような物的な報酬が与
えられると，その後の内発的動機づけが低下するというアンダーマイニング
現象（undermining effect）を発見した。この現象の解釈として認知的評価理論
が用いられ，物的な報酬は制御的な側面が強く，自分で行動を決めていると
いう自律性が阻害される。そのため，内発的動機づけが低下したのだと説明
されている。

また，お金などの物的な報酬は制御的な側面が強いが，ほめ言葉のような言語的報酬は，有能であることを伝える情報的な側面が強いとされている。そのため，ほめることは受け手の有能さを高め，内発的動機づけの向上につながると考えられている。

2. 有機的統合理論（organismic integration theory）

有機的統合理論は主に外発的動機づけにかかわる理論である。外発的動機づけは，活動が手段となっている動機づけであり，従来は内発的動機づけ - 外発的動機づけの二項対立的に考えられてきた（Q29参照）。しかし，有機的統合理論では，自律性に着目して外発的動機づけを細分化した（図5-33-1）。各動機づけは，自律性の低い方から，動機づけられていない状態を表す「無動機づけ」，外部からの報酬や圧力により動機づけられる段階である「外的調整」，自尊心の維持や恥や罰の回避などにより動機づけられる段階である「取り入れ的調整」，活動に対する価値を感じ自分に関係のあるものとしてとらえることで動機づけられる段階である「同一化的調整」，活動をすることが自分の価値観と調和している段階である「統合的調整」と特徴づけられる。それに加え，従来の内発的動機づけに値する「内的調整」が想定されている。

外的調整や取り入れ的調整は他律的な動機づけと呼ばれ，望ましい方略の使用や学業成績などにつながりにくいこと，その一方で同一化的調整，統合的調整，内的調整は自律的な動機づけとされ，望ましい方略の使用や高い学業成績などにつながることが多くの研究で示されている。

また，年齢の発達とともに自律的な動機づけは低下し，他律的な動機づけが高くなる傾向もみられている。日本における西村・櫻井（2013）の研究では，特に小学校から中学校に上がる段階で，内的調整の得点が低くなり，外的調整の得点が高くなる傾向が示されている。

動機づけ	非動機づけ	外発的動機づけ				内発的動機づけ
		他律的 ←			→ 自律的	
段階	調整なし	外的調整	取り入れ的調整	同一化的調整	統合的調整	内的調整
理由の例	(やりたいと思わない)	親にやれと言われるから	恥をかきたくないから	将来のために必要だから	自分の価値と一致しているから	面白いから

図5-33-1　有機的統合理論に基づく動機づけのモデル (櫻井 (2009) を参考に作成)

3. 因果志向性理論 (causality orientation theory)

　因果志向性理論は，動機づけ特性の個人差に関する理論である。この理論では人の因果志向性として，非自己的志向性 (impersonal orientation)，他律的志向性 (controlled orientation)，自律的志向性 (autonomy orientation) の3つを仮定して，この志向性の違いをパーソナリティ特性としてとらえた。そしてこの特性の違いが特定の場面における動機づけ，基本的心理欲求充足，行動および経験に影響を与えると考えた。

　非自己的志向性は，目標達成に対する障害や不安，自信のなさを感じ，結果を自分がコントロールできるといった感覚が欠如している状態を表す。そのため，無動機づけに関わる特性であるとされている。この志向性を有する者は，そもそも無気力であるため，行動自体が喚起しにくい。また，健康状態も悪く，パフォーマンスも優れない。

　他律的志向性は個人の関心が外部からの統制に向いており，報酬や圧力などによって行動が規定される状態を表す。そのため，取り入れ的調整や外的調整に従って行動する傾向にあるとされている。この志向性を有する者は，活動に十分な価値を感じない状態で他者からの働きかけや恥の回避などによって行動を起こすため，自律的志向性を持つものに比べて健康状態やパフォーマンスに劣る。また，物的な報酬などによって自律性が阻害されやすいことも指摘されている。

　自律的志向性は，自らの選択によって興味関心のある活動や自分にとって価値のある活動に従事する状態を表す。そのため，内的調整，統合的調整，同一化的調整に従って行動する傾向にあるとされている。この志向性を持つものは，健康状態やパフォーマンスに優れているとともに，物的な報酬など

による自律性の阻害の影響を受けにくいことも指摘されている。

4．基本的心理欲求理論（basic psychological need theory）

　基本的心理欲求理論は，人の健康やウェルビーイング（well‐being）におい
て重要な役割を果たす心理的欲求（psychological need）に関するものである。
この理論では国や性別，文化を超えた普遍的な人の基本的心理的欲求として，
自分が行動の主体でありたいといった「自律性の欲求（need for autonomy）」，
環境とのかかわりの中で自分の能力を認められたいといった「有能さの欲求
（need for competence）」，他者や集団とのかかわりの中で親密な関係を築きた
いといった「関係性の欲求（need for relatedness）」を仮定している。これらの
欲求はいずれも重要であり，欲求が充足された場合はウェルビーイングの向
上につながる一方で，欲求が満たされない場合にはウェルビーイングの低下
につながるとされている。

　なお，この基本的心理欲求の充足はどれか1つが突出して満たされていれ
ばよいというわけではなく，バランスよく充足されることが重要であると考
えられている。

5．目標内容理論（Goal Contents Theory）

　目標内容理論は人生の目標に関する理論である。この理論では，人生目標
を内発的人生目標（intrinsic goal）と外発的人生目標（extrinsic goal）に分類し
た。内発的人生目標は，親密な人間関係，個人の成長，コミュニティーへの
貢献のような価値の追求を目指す目標である。一方で，外発的人生目標はお
金，名声，権力や外見の魅力の追求を目指す目標である。

　そして，相対的に内発的人生目標が高い個人はウェルビーイングが高いと
されている。外発的人生目標を持つ個人は目標追求の過程でお金などの外的
な要因によって制御されることが多く基本的心理欲求が充足されにくい。一
方で，内発的人生目標を持つ個人は目標追求の過程で基本的心理欲求が充足
されやすく，高いウェルビーイングにつながると考えられている。

6. 関係性動機づけ理論（relationship motivation theory）

関係性動機づけ理論は最も新しいミニ理論である。この理論では，親や恋人など親密な人間関係における基本的心理欲求支援に注目した理論である。基本的心理欲求支援としては，相手に選択肢を与えたりする「自律性支援（autonomy support）」，相手に期待を抱きポジティブなフィードバックを与えたりする「有能さ支援（competence support）」，相手に関心を持ち関わろうとする「関係性支援（relatedness support）」が挙げられる。親密な関係の中で，基本的心理欲求支援を受けることにより，欲求が充足され，より自律的な関係性への動機づけを持つようになる。そして，関係の質やウェルビーイングも高くなる。一方で，基本的心理欲求を阻害する行動を受けることは，欲求の不満状態へとつながり，関係の質やウェルビーイングに悪い影響を与えると想定されている。なお，この理論では基本的心理欲求支援の中でも特に自律性支援が重要視されている。

また，基本的心理欲求支援の効果は，支援を受けた側だけでなく，支援を行った側の基本的心理欲求充足やウェルビーイングにも影響を与えると考えられている。

参考文献

Edward L. Deci, and Richard M. Ryan（2000），The "what" and "why" of goal pursuits: Human needs and the self-determination of behavior. *Psychological Inquiry, 11*（4），227-268.

Richard M. Ryan, and Edward L. Deci（2017），*Self-determination theory: Basic psychological needs in motivation, development, and wellness,* Guilford Press.

櫻井茂男（2009）『自ら学ぶ意欲の心理学－キャリア発達の視点を加えて』有斐閣.

西村多久磨・櫻井茂男（2013）「小中学生における学習動機づけの構造的変化」『心理学研究』83（6），pp.546-555.

（三和秀平）

Q34 暗黙の知能観と学習性無力感の関係について説明しなさい

1. 学習性無力感の概要と教育場面における学習性無力感の発見

　学習性無力感（learned helplessness）とは，無気力感を学習することを意味し，セリグマン（Seligman, M. E.）によって見出された。セリグマンは，イヌに，回避できない電気ショックを繰り返し与えると，イヌは，電気ショックを回避することができる場面においても逃避せずに，電気ショックに曝され続ける現象から学習性無力感を発見した。

　学習性無力感に陥るメカニズムは，以下のようにまとめられる。自身の行動とその行動によって得られる結果に随伴性が見出せない経験（非随伴的な経験）が繰り返されると，自身の行動によって，物事の結果をコントロールすることはできないという統制不可能性を予期することになる。その結果，自身の無気力感を学習することにつながり，学習性無力感に陥ってしまう。例えば，試験勉強を頑張ったにもかかわらず，試験でよい点数がとれなかった経験が繰り返されると，「自分はどうせ頑張ってもできない」という認知をもつことにつながり，学習性無力感に陥る恐れがあるだろう。なお，学習性無力感の症状としては，認知や動機づけ，情緒の障害（例：「困難に遭遇すると，容易にあきらめてしまう」，「ネガティブな感情を抱きやすい」など）があるとされている。

　こうした学習性無力感について，子どもを対象とした教育場面における研究を牽引したのは，ドゥエック（Dweck, C. S.）であった。ドゥエックは，子どもに解決不可能な課題を課し続けると，その後の解決可能な課題に対する取り組みも低下することを見出した。こうした現象をドゥエックは，子どもたちは，解決不可能な課題が課され続けたため，学習性無力感に陥ってしまったのだと考えた。すなわち，教育場面においても，解決不可能な課題が繰り返されることは，自身の行動の無力感を学習することにつながることで，学

習性無力感が起こることが見出されたのである。

２．学習性無力感を規定する目標の存在

　その後，ドゥエックは，学習性無力感に陥りやすい子どもの個人差に関する研究に精力的に取り組んだ。その結果，課題失敗後もめげずに課題に取り組むことのできる「熟達志向型（mastery-oriented）」と，失敗後に学習性無力感に陥りやすい「無力感型（helpless）」の子どもがいることを見出した。そして，ドゥエックは，「熟達志向型」と「無力感型」のどちらに属するかを左右する考え方として「目標」の存在に着目した。具体的には，熟達志向型の場合，学習目標（learning goal）という自身の能力を伸ばすことや新しいスキルを習得することに焦点化する目標をもちやすいため，失敗経験は，課題に対する現在の自分の立ち位置を知らせる手がかりであると認知する。したがって，学習性無力感に陥らずに，上手に失敗経験を活用し，課題に取り組むことができる。一方で，無力感型の場合，遂行目標（performance goal）という他者から有能であることや無能ではないと評価されることに焦点化する目標をもちやすいため，失敗経験は，自身の有能さが露見する場面であると認知する。この場合，自身の能力への自信（有能感）が高く，課題に成功している状況下では，一時的な失敗経験によって学習性無力感に陥る可能性は低いものの，自信が低い場合には，学習性無力感に陥ってしまう危険性が高まることが理論的・実証的に見出された。すなわち，無力感型に属する子どもは，高い自信（有能感）を有している場合，多少の失敗経験に左右されることはないものの，自信が低い場合には，容易に，学習性無力感に陥ってしまうことが危惧される。

３．目標を規定する暗黙の知能観

　さらに，ドゥエックは，学習目標と遂行目標を規定する要因として，「暗黙の知能観（theory of intelligence）」の存在に着目した。暗黙の知能観とは，個人が有する知的能力に対する信念を表しており，２つの知能観が存在する。第一に，知的能力は努力次第で，伸ばすことが可能であるという「増大的知

能観（incremental theory）」であり，「知能は伸ばそうと思えば，伸ばすことができる」，「知能は，大きく伸ばすことができる」などの信念が該当する。増大的知能観を有する人は，知的能力は努力によって可変すると認識しているため，学習目標を有することにつながる。したがって，熟達志向型に属することになり，学習性無力感に陥らずに，課題に取り組むことが可能である。第二に，知的能力は固定的で，努力によって変えることはできないという「実体的知能観（entity theory）」であり，「知能そのものを変えることはできない」，「知能を変えることは，ほとんど不可能だ」などの信念が該当する。実体的知能観を有する人は，知能が固定的で変わらないと認識しているため，他者からの高い評価の獲得や低い評価の獲得の回避を目指すことにつながり，遂行目標を有することになる。したがって，無力感型に属することになるため，学習性無力感に陥る危険性が高くなる。

　上記の関係をまとめると，増大的知能観を有する場合は，学習目標を持ちやすいため，学習性無力感に陥りにくい。一方で，実体的知能観を有する場合は，遂行目標をもちやすいため，学習性無力感に陥る危険性が高まる。特に，自身の能力に対する自信（有能感）が低い場合，失敗経験に左右されやすくなり，一時的な失敗経験によって，学習性無力感に陥ってしまう恐れがあるので注意が必要である。

参考文献

キャロル・ドゥエック（2016）（今西康子訳）『マインドセット－「やればできる！」の研究』草思社。

大芦 治（2013）『無気力なのにはワケがある－心理学が導く克服のヒント』NHK出版.

Seligman, M. E., & Maier, S. F.（1967）Failure to escape traumatic shock. *Journal of experimental psychology,* 74（1），pp.1-9.

外山美樹（2011）『行動を起こし，持続する力－モチベーションの心理学』新曜社.

（海沼　亮）

Q 35　欲求について述べた上で，欲求不満／フラストレーションについて説明しなさい

　心理学における欲求とは，「何かが欲しい」，「何かをしたい」というような，ある対象を求める心的状態のことを指し，行動を駆り立てるものとして扱われる。英語圏では need, desire として表現され，need は生存や適応に必要なものに対する「要求」，desire は生存や適応に必須ではないものを欲する「欲望」として区別される場合もあるが，「欲求」として一括りにされることも多い。本項において need と desire の違い，要求，欲望，欲求の違いについて詳細に議論することは目的から外れるため，以降ではすべてを「欲求」として捉え，説明していく。

　欲求は本章の Q28 でも紹介されていたように，動機づけの1要因，特に内的状態を表すものとしてよく扱われる。しかし，欲求はあくまで動機づけの1要因であり，動機づけそのものではない。その違いについては度々議論されるが，大きな違いの1つは持続性である。Q28 で説明されていたように，動機づけとは「行動を一定の方向に向けて生起させ，持続させる過程」を指し，欲求の生起とその持続を構成要素とする概念である。そのため，欲求それ自体は持続性が乏しく，変動性があるものであるといえるだろう。

　これまで，欲求の分類に関する試みがいくつかなされてきた。代表的なのは一次的欲求と二次的欲求の区分である。これは欲求を，生まれながらに持っている生理的・生物的に必要不可欠な欲求（食事への欲求，睡眠への欲求，性欲への欲求など）と，後天的に獲得された社会的な適応に関する欲求（親和への欲求，承認・称賛への欲求，攻撃への欲求など）に分ける枠組みであり，欲求に関する簡易的な区分としてよく用いられる。Q28 で紹介されていたように，前者は生理的欲求，後者は社会的欲求として称されることもあり，その他に自己決定したいなどの「心理的欲求」も存在する。

　その他，欲求の分類に関する理論としてはマズローの欲求階層説が有名である（図5-35-1）。この理論では，人間の欲求を5つに分けたうえで互いの

関係性を階層（＝優先度）として表している。1つ目の階層がこれまでにも述べてきた「生理的欲求」、2つ目の階層が身体的・心理的な安全を求める「安全への欲求」、3つ目の階層が社会的な集団への所属や他者からの愛情を求める「所属と愛への欲求」、4つ目が他者から価値ある存在であると認め

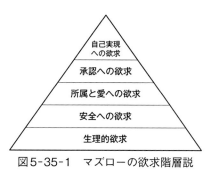

図5-35-1　マズローの欲求階層説

てもらうことを望む「承認への欲求」、最後の5つ目が自分の持つ能力や可能性を最大限発揮しようとする「自己実現への欲求」である。このうち1から4つ目は、足りないものを求めるという意味で欠乏欲求、5つ目は欠乏を満たすためではなく自身を成長させるための欲求である成長欲求として呼称されることもある。これらの5つの欲求はピラミッド型の階層構造としてしばしば図示される。これは、上位の階層の欲求は下位の階層の欲求が充足しているときに生起するという前提があるためである。すなわち、例えば2つ目の階層である「安全への欲求」は1つ目の欲求である「生理的欲求」が充足しないと生起しないと言われている。この欲求階層説については現在、分類の区分や階層の順番に対して批判もある一方で、人間の欲求に関する古典的な理論の1つとして度々取り上げられている。

　これまで述べてきた欲求は、それ自体が良い・悪いといった単一の基準で測れるものではない。しかし、状況によってある欲求を求める行動が社会的には不適切と判断される場合がある。例えば、空腹を感じたからといって重要な会議中にいきなり食事を始める者がいたら、大きな非難を浴びるだろう。このように、人間の欲求は時に理性的な判断によって抑制する必要がある。

　こうした欲求を抑制する心の働きは一般に、「自己統制（セルフ・コントロール：self-control）」と呼ばれる。自己統制とは、目標と欲求が葛藤した場合に欲求を抑えて目標を優先する行動のことである。ここで言う目標には様々なものがあり、先の例のような社会的な規範の順守の他に、個人的な目標（ダイエットなど）なども含まれる。自己統制は目標の達成を促進するた

め，社会的な成功を予測する指標にもなると言われている。

　既に書いたように欲求は時折，自己統制によって抑制される必要がある。それらは社会への適応や個人の目標達成において重要なプロセスである一方で，欲求の過度な抑制は重大なストレッサーにもなる。そうした，欲求が満たされずにいることによってストレスや緊張，不安感が生じている状態を欲求不満（フラストレーション：frustration）と呼ぶ。自己統制以外にも，複数の欲求が同時に存在することで葛藤が生じ欲求不満が生じる場合もある。葛藤にはあれもこれもしたいという接近－接近型，あれはしたいがこれはしたくないという接近－回避型，あれもこれもしたくないという回避－回避型がある。

　欲求不満に陥ったものは，何らかの形でそれを解消するように動く。そのプロセスを説明した理論のうち，特に有名なものとして防衛機制がある。これは，ジークムント・フロイトおよびその娘であるアンナ・フロイトによって整理された概念であり，欲求不満のようなストレスフルな状況から自己を守るために人間がとる行動のメカニズムを指している。防衛機制ではそうした行動をいくつかに分類し，整理している。代表的なものとしては，ただひたすらに感情を抑える「抑圧」，子どものように振る舞う「退行」，実際にしたい行動とは正反対のことをする「反動形成」，もっともらしい言い訳を作る「合理化」，自分の中にある受け入れがたい感情を他の誰かが持っていると考える「投影」，社会的に価値あるものへ置き換える「昇華」などがある。その他にも防衛機制には様々なものがあり，精神的な成熟の程度の観点から防衛機制を分類しようとした試みも存在する。

参考文献

古川聡（2013）「第6章パーソナリティ」服部 環・外山美樹編『スタンダード教育心理学』サイエンス社.

Hoffman W., & NordGren L.,（2016），*The Psychology of Desire,* Guilford Press.

玉瀬耕治（2004）「第9章動機づけ」無藤 隆他著『心理学』有斐閣.

谷口高士（1999）「欲求」中島義明他編『心理学辞典』有斐閣.

（長峯聖人）

Q 36　基本感情について説明しなさい

　基本感情とは，日常で経験される数多の感情のうち，人類が共通して有している基本的な感情のことである。基本感情を説明するうえでもっとも重要なのが，ポール・エクマンに端を発する基本感情理論であるといえる。彼は，すべての人間は生まれながらにして6つの基本的な感情を有しており，その役割や表出の仕方（表情など）は文化に拠らず共通であるという考え方に基づいて理論を構築した。この理論の背景にあるのは，感情は生物の進化的な基盤を支えているシステムであるという想定である。エクマンが基本感情として扱ったのは「喜び」，「悲しみ」，「怒り」，「驚き」，「恐怖」，「嫌悪」の6つである。以下，それぞれの特徴について簡潔に述べる。

　まず，「喜び」である。これは，純粋な快（心地良い）感情であり，6つの基本感情の中で唯一，ポジティブな意味合いを有しているとされる。現在でこそポジティブな感情は細分化され（例：感謝，熱情）検討されているが，エクマンによって基本感情理論が提唱された時代にはポジティブ感情はこの「喜び」としてしか表現されなかった。

　次が，「悲しみ」である。これはネガティブな感情の中でも最も代表的なものの1つとされており，「喜び」と対になる感情として語られることがしばしばある。「悲しみ」で特徴的なのは，そのトリガーとして「喪失」があるということ，そして「対処可能性が低い」とうことである。ここでの喪失とは何かをなくすことであり，具体的な物品から死別・離別といった関係性まで幅広く含む。そして対処可能性が低いとは，自分でどうにかできるという認知が生じにくいということである。そのため「悲しみ」は何かをなくし，自分では対処できないという認知が生じたときに生起しやすい感情と言える。

　次に「怒り」である。「怒り」は，「悲しみ」と並ぶ代表的なネガティブ感情の1つであり，自身に脅威をもたらすものに対する防衛反応として表現される。「怒り」と「悲しみ」の大きな違いは，「対処可能性」，そして「興奮（覚醒）の程度」であろう。前者の対処可能性については，「悲しみ」と異な

116

り怒りは「対処可能性が高い」時に生じやすいとされる。そのため，他者や状況に対する攻撃につながりやすいという特徴がある。これは後者の「興奮（覚醒）の程度」と関連することでもあり，「怒り」は「悲しみ」よりも交感神経の興奮やアドレナリンの分泌など，興奮（覚醒）につながる生理的反応が促進されやすいといった特徴がある。

　4つ目が「驚き」である。「驚き」は6つの基本感情の中で唯一，ニュートラルな感情として扱われる。「驚き」は，予想外の出来事が生じたときに強く生起するとされる。

　5つ目が「恐怖」である。「恐怖」のトリガーは「怒り」と類似しており，同じく自身にとって脅威的なものに対して生じるとされる。一方で「恐怖」は「怒り」と異なり，「対処可能性が低い」と認知された結果として生起するといわれ，そのため「怒り」が攻撃につながる一方，「恐怖」は逃走につながりやすいという特徴がある。

　最後が，「嫌悪」である。ここでの嫌悪は，ある性格に対する好みなどといった社会的なものではなく，生理的な嫌悪対象（例：グロテスクなもの）に向けられるものである。「嫌悪」もネガティブ感情の1つとされ，基本的には生命を脅かすようなものに対して生起しやすいとされている。

　近年では，6つ以外の基本感情も想定している（例：愛）と共に，文化的・社会的な要因による影響も考慮するなど，他の感情理論の観点も踏まえられるようになってきている。

参考文献

今田純雄（2015）「第8章　情動Ⅰ：情動の基礎」今田純雄・北口勝也編『現代心理学シリーズ4　動機づけと情動』培風館.

無藤隆（2004）「第8章　情動」無藤隆他編『心理学』有斐閣.

大平英樹（2010）『感情心理学・入門』有斐閣.

内山伊知郎監修（2019）『感情心理学ハンドブック』北大路書房.

（長峯聖人）

Q 37　感情（情動）に関する古典的理論について，いくつか説明しなさい

　感情（情動）に関する古典的理論として言及されることが多いのは「ジェームズ・ランゲ説」，「キャノン・バード説」，「シャクター・シンガー説」の3つである。以下，それぞれの理論の概要と関係性について述べていく。

　「ジェームズ・ランゲ説」は，心理学における原初の感情（情動）理論として広く知られている。具体的には，感情（情動）を，「刺激によって身体に変化が生じた後，その変化を脳が知覚したものである」と捉えた。つまり，身体に変化が生じた結果，感情（情動）が生じるというプロセスを想定している。これは具体的には，「悲しい」という感情（情動）は「涙が流れる」，「嗚咽が生じる」といった反応やその他の生理的な反応の後に生じるという考えであり，簡略的に表現するならば「泣くから悲しい」というものである。感情の原因として身体反応に着目していることから，感情（情動）の末梢起源説とも呼ばれる。

　一方でこの「ジェームズ・ランゲ説」は，例えば薬物を注射して興奮状態を作ったとしても感情（情動）が生じない例があるなど，批判されることも多々あった。そうした観点を踏まえ提唱されたのが「キャノン・バード説」である。この理論は，身体の変化を知覚することで感情（情動）が生じるという「ジェームズ・ランゲ説」に対し，「ある刺激を脳が知覚することで感情（情動）が生じ，その後，脳が身体に信号を送ることで身体反応が生じる」と説明した。つまり，身体反応よりも先に脳による刺激の知覚があると考えたのである。先の「悲しみ」の例で表すならば，「悲しいから泣く」という考え方をするのが「キャノン・バード説」である。その特徴から，感情（情動）の中枢起源説とも呼ばれる。

　「キャノン・バード説」と「ジェームズ・ランゲ説」は，いずれも感情（情動）の古典的理論を代表するものであり，その主張が正反対であることから，しばしばその対立構造が取り上げられる。とはいえ，両者は，感情（情

動）を生理的な観点から捉えようとする点では共通していると言える。一方で感情（情動）に関する古典的な理論においては，そうした生理的な観点だけでなく，認知的な観点から感情（情動）を捉えようとしたものも存在する。その代表的なものが，「シャクター・シンガー説」である。

　「シャクター・シンガー説」は，感情（情動）を「生理的な変化」と「原因の認知（ラベリング）」の 2 側面から捉えている。具体的には，ある「生理的な変化」に対して「どのような理由でそうなっているか」をラベリングすることで，感情（情動）が生じるとされる。これは裏を返せば，「生理的な変化」が同じであってもラベリングが異なれば経験される感情（情動）が変わるというものである。例えば，心臓が激しく鼓動している時，周囲に恐ろしいものがあれば「恐怖」がラベリングされやすい一方で，周囲に魅力的な異性がいる場合には「恋愛感情（性的興奮）」がラベリングされやすくなるのである。有名な社会心理学的現象としてつり橋効果があるが，この現象もこの「生理的な変化」と「原因の認知（ラベリング）」から説明できる。つまりこの理論は「生理的な変化」だけでなく，それに対する「認知的な評価」の重要性を述べているのである。そのため，感情（情動）を 2 つの要因から捉えたという点で，感情（情動）の 2 要因説と呼ばれることもある。

　上述した理論のいずれも感情（情動）の生起プロセスを単純化して捉えていることから，現代の心理学においてはこれらの理論を全面的に支持する立場はほとんどない。一方でこれらの理論は，後続の有力な感情（情動）理論やモデル（円環モデル，認知的評価理論など）に大きな影響を与えており，その重要性は高いと言える。

参考文献

今田純雄（2015）「第 8 章　情動 I：情動の基礎」今田純雄・北口勝也編『現代心理学シリーズ 4　動機づけと情動』培風館.

大平英樹（2010）『感情心理学・入門』有斐閣.

内山伊知郎監修（2019）『感情心理学ハンドブック』北大路書房.

（長峯聖人）

第6章

学級集団

Q 38　学級集団の特徴と機能について説明しなさい

　心理学において，集団は2人以上の人々によって形成される，次の特徴を有する（山口，1996）。その特徴とは，①その人々の間で持続的に相互作用が行われ，②規範の形成が見られ，③成員に共通の目標とその目標達成のための地位や役割が存在し，④地位や役割の分化とともに全体が統合されており，⑤外部との境界が意識され，⑥われわれ感情や集団への愛着が存在する，の6つである。すなわち，ただ人々が集まっているわけではなく，メンバー間での関わりが継続し，何らかの目標を有し，そのために各メンバーが役割を持ちながら，次第にまとまりが完成し，グループの内外が分かれていく。

　学級集団は，「教師と生徒群よりなる社会的集団の中において，教師との関係によって変化する心理学的集団」（園原・広田，1953）と定義されている。学級集団には主に，①1人の大人である教師と子どもである多くの児童生徒から成り立っていること，②児童生徒の人格形成および知的発達を促進することを目標としていること，③時間的な特徴を持っていること，の3つの特徴を有する（蘭・武市・小出，1996）。

　通常集団は，上下関係を有することを必須とはしない。しかしながら，学級には，教師と児童生徒という，同質でない人間関係が存在する。教師は，年齢や知的能力，精神発達において，児童生徒とは異質な存在である。それゆえ，教師のパーソナリティやリーダーシップのタイプ，子どもに対する関

わりなどが学級の状態や児童生徒の適応感に影響を与えるとされている。この点について，教育心理学領域において様々な研究が行われてきた。また，児童生徒間の人間関係から学級の状態を把握する様々な試みが行われている。

　学級集団の目標は，児童生徒の人格形成及び知的発達を促進することである（蘭・武市・小出，1996）。教育基本法第1条には，「人格の完成を目指し，平和的で民主的な国家及び社会の形成者として必要な資質を備えた心身ともに健康な国民の育成を期して行わなければならない。」とある。冒頭の表現にあるように，子どもたちは成長の途上にあり，学級はこの発達を支えるために存在する。同年代の他者，つまりヨコの関わりに加え，教師対児童生徒，というタテの関わりにより，多様な人々と関わる経験は，グローバル社会あるいはインクルーシブ教育に象徴される，多様性を生きる人材の育成において重要な意味を持つ。時に学校では，仲間はずれ，無視や悪口を含むいじめ（Q42参照）のような，多様性を排除するような機会に遭遇する。こうした問題に直面した時，これをどのように理解し，解決していくのかについて学ぶ経験は，多様性の中で生きることを学ぶことに他ならない。

　学級集団のもう1つの特徴は，時間的な特徴，すなわち学級は形成されるだけでなく，一定期間後に解散するという点にある。通常集団は，例えば大学のサークル活動やボランティア活動のように，メンバーを入れ替えながらも，集団そのものは継続していくことが一般的である。しかしながら，学級は各年度末（もしくは2年に1度など）でクラス替えにより集団が解散する（クラス替えが行われないこともあるが，卒業により解散することには変わりがない）。それはすなわち，時間によって集団の活動全般が大きな制約を受けることを意味する。学級経営において，教師はクラス解散を念頭に置きながら，学級の形成と発展を進める必要がある。どれほど児童生徒にとって居心地の良いクラスであっても，学級の解散は必ず訪れる。別れの経験もまた，児童生徒にとっては移行と呼ばれる1つの発達課題であるといえよう。一方，不適応状態，特に不登校状態にある児童生徒において，クラス替えは再登校の大きなチャンスとなる。次年度に向けて準備を行い，スムーズな移行を目指した集団の解散を行うことも，教師の役割である。

　学級集団の機能について，島（1986）は①欲求充足の機能，②社会化の機能，③集団効果としての強化の機能を挙げている。マズロー（Maslow, A. H.）は欲求の階層説（Q35参照）を提唱し，①生理的欲求，②安全欲求，③所属と愛情欲求，④承認欲求，⑤自己実現欲求の5つについて，低次の欲求が満たされて初めて上位の欲求が生じると考えた。これを子どもに適用すると，空腹や睡眠の欲求が満たされ，いじめられたり攻撃されるなどの心配が払拭されると，子どもたちは所属と愛情の欲求を抱くようになる。すなわち，学級という居場所があり，クラスメイトから愛されたいという欲求が生じる。居場所が作られると，今度はその中で認められ，自分が役立つ存在でありたいという欲求が生まれる。こうした欲求が全て充足されると，子どもたちは自分が本来やりたいと考えていたことに向かって成長すると考えられている。仲間関係が重要となる学齢期において，学級における居場所感を持ち，その中で確固たる自分の立場や役割を築くことが重要であり，その欲求充足の機能を有するのが学級である。

　一方，学級では，子ども個人の欲求がいつも満たされるとは限らない。順番待ちや我慢も必要であるし，勝者と敗者が生まれることも多い。時にはけんかや仲たがいも起こる。こうした問題を抱えつつ，時に教師の援助を得ながら，葛藤を解決する力を養うことは，社会に出たときに重要な能力の涵養につながる。また，学級においては，係活動をはじめとした様々な役割を付与され，この役割に沿った規範を身に着け，行動しなければならない。社会参加においてはルールに沿った行動を獲得していくことが必要となる。こうした，子どもたちの社会化を担うこともまた，学級の機能の1つである。

　子どもたち同士が1つの空間に集まり学んでいると，子どもたちは他のクラスメイトを意識して行動する機会が増える。教師の発問に対して競って挙手する様子は，互いをライバル視していることの表れでもある。また教師は時に，子どもを褒めたり叱ったりする。これを目撃した他のメンバーは，学級において求められる行動とそうでない行動を（自らが直接指導を受けることなく）理解し，自身の行動の参考とするのである（観察学習やモデリングと呼ばれる）。このように，集団の中で学ぶことは，個人で学習内容を習得

する以上の様々なことを子どもたちにもたらす。子どもの動機づけを高め，様々な行動に対する主体的な学びを高めることにつながる。

　学級集団にはこうした特徴や機能があるが，学級で学ぶことに困難を抱えた児童生徒も一定数存在する。平成28年に制定された教育機会確保法（義務教育の段階における普通教育に相当する教育の機会の確保等に関する法律）では，全児童生徒が豊かな学校生活を送り，安心して教育を受けられるよう，学校における環境を確保することや，特に不登校児童生徒の学びにおいて，個々の状況に応じた必要な支援や環境の整備が明記されている。国を挙げて多様な学びを推進することは大変意義深いが，これを実現するためには教師や学校の努力を必要とする。特に学級経営を行う担任の配慮と工夫が不可欠である。まさに，「絶えず研究と修養に励み，その職責の遂行に努めなければならない（教育基本法第9条）」と言えよう。

　なお，学級における児童生徒数は小学校設置基準（あるいは中学校設置基準）第4条に定められており，1学級の児童生徒数は原則的に40人以下とされている。ただし，近年では学級編制の弾力化が導入され，小学校低学年を中心に，少人数教育が広がりを見せている。特に「アクティブ・ラーニング」の視点に立った学びを効果的に進めるためにも，学級規模の適正化と少人数教育の重要性は一層増している。

参考文献

蘭千壽・武市進・小出俊雄（1996）「教師の学級づくり」蘭千壽・古城和敬編『教師と教育集団の心理』誠信書房，pp.77-128.

島久洋（1986）「仲間とともに」杉原一昭・海保博之編著『事例で学ぶ教育心理学』福村出版，pp.171-199.

園原太郎・広田君美（1953）「学級社会の成立」波多野完治編『学級社会の心理』金子書房，pp.1-62.

山口裕幸（1996）「集団」中島義明・安藤清志・子安増生・坂野雄二・繁桝算男・立花政夫・箱田裕司編『心理学辞典』有斐閣，p.385.

（藤原健志）

Q 39　学級集団の発達のダイナミクスについて説明しなさい

　学級の発達に関して，園原・広田（1953）は学級の発達を，孤立期（探索期），水平的分化期，垂直的分化期，部分集合形成期，そして集団統合期に分けてそのプロセスを説明した。

　新学期，各学級では学級のメンバーが集まり，クラス開きが行われる。互いに緊張しており，会話は少ない。担任教師は新学期にあたって必要事項を説明したり，学級のルールや教師自身が持つ期待を児童生徒に伝える。この時期，「自分はこのクラスのメンバーだ」という自覚はあるものの，メンバー同士は孤立した状態にある。児童生徒同士の関係性から見れば，新しい友達を探そうと集団内を探索する時期であり，教師対児童生徒の関係性から見れば，教師の下，その権威に依存する時期である。これが孤立期（探索期）である。

　数日から1週間程度経つと，出席番号の前後や近接した座席，一緒の登校班など，物理的に近いクラスメイトに対して働きかけ，会話や関わりが始まる。この関わりは，「隣の席のAさんの後ろの席に座るBさん」，あるいは「自分の1つ前の出席番号であるCさんの隣に座るDさん」というように，徐々に広がりをみせる。このように，クラス内の人間関係が徐々に広がっていくのが，第2段階である水平的分化期の特徴である。この人間関係の中で，子どもたちは互いのことを深く知るようになる。例えば「勉強が得意」や「絵が上手」，「運動が苦手」などの特徴は，各メンバーの間に上下関係を生み出すことになる。これが垂直的分化期と呼ばれる。

　関わり合いの中で，学級内の人間関係は変化を繰り返す。クラスの中で仲良しのメンバーとそうでないメンバーが生まれ，徐々にグループが形成される。こうした小集団が形成されるのが部分集合形成期である。各集団においてリーダー格の児童生徒が生まれ，このリーダーが小集団の方向性をリードする。およそ小学4年生から5年生にかけて続き，勢力の強いグループが弱

いグループを統合したり，複数のグループを統率することもある。このように小学5・6年生頃には部分集合が階層を成したり，2・3名の中心人物が学級全体のリーダーとなってまとまることも見られるなど，各集団の統合や階層化が行われる。これが集団統合期である。

　一方，学級形成のプロセスについては，教師の役割という観点からも整理されている。蘭らは学級集団の形成と維持における教師の役割に注目し，大きく4期に分けた理論化を試みている。第1期は教師が主導する学級導入期であり，教師が学級の様子を把握しながら，担任の願いや期待を学級目標や学級観の形で生徒に示しつつ，生徒の様子を把握することに重点を置く。

　第2期は学級形成期（教師主導潜在期）と呼ばれ，学級づくりのための各種ルールを確立し，班や係などの役割の決定とその実行による組織作りを行う。中・長期的観点から学級づくりの案を修正することに加え，生徒との直接的・間接的な交流を通じて，相互理解と信頼関係を深めることも重要となる。

　その後，第3期は生徒主導への移行期である学級安定期・変革期であり，教師の指導スタイルが生徒に定着し，各生徒は自身の課題解決を行う。その中で教師は生徒に対して価値観に対する問題提起を行い，再考させる，いわば揺さぶりの時期である。学級の諸活動を見直し，次の学級目標の達成を見据えた活動に従事するために，学級集団の自立化が課題となる時期である。

　そして第4期は学級定着期である。学級の解散に向け，生徒の自立性の確立が課題となる時期であり，教師は相談役・援助役となる。教師の価値観や判断に対し生徒が建設的な評価を行い，教師もそれを受容することで両者が対等に議論し，生徒が教師から独立し自立していくための素地ができあがる。

参考文献

蘭千壽・武市進・小出俊雄（1996））「教師の学級づくり」蘭千壽・古城和敬編『教師と教育集団の心理』誠信書房，pp.77-128.

園原太郎・広田君美（1953）「学級社会の成立」波多野完治編『学級社会の心理』金子書房，pp.1-62.

（藤原健志）

Q 40　学級集団の測定（学級内の人間関係の測定）について説明しなさい

　学級集団の測定方法について，ここでは3つの方法を紹介する。

　学級集団の測定における古典的方法の1つに，ソシオメトリーがある。ソシオメトリーとは，モレノ（Moreno, 1934）によって開発された，学級メンバー相互の好悪判断に基づく集団理解の方法である。まず，ソシオメトリック・テストと呼ばれる方法で児童生徒に調査を行う。具体的には学級のメンバー全員に対し，「一緒に勉強したい」あるいは「遊びたいクラスメイトは誰ですか?」などの問いで好意を感じる人物（選択）を，また「一緒に勉強したくない」あるいは「遊びたくないクラスメイトは誰ですか?」などの問いで嫌悪を感じる人物（排斥）を複数挙げてもらう。この結果を，行列（ソシオマトリックス）にまとめたり，図（ソシオグラム:図6-40-1参照）としてまとめることを通じて，学級成員間の関係性を理解しようとする。こうしてまとめられた各メンバーの選択や排斥の状況から，多くのメンバーに選択される人気児，多くのメンバーから排斥される排斥児，相互選択が行われていない周辺児，全く選択を受けていない孤立児などに分類することができる。

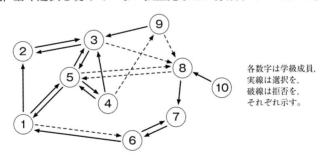

図6-40-1　ソシオグラムの一例（杉下，1982より作成）

　ソシオメトリック・テストに類似した方法として，ゲス・フー・テスト（guess-who test）がある。この方法は，リーダーシップや友情，人気などの複数の質問項目について，該当するクラスのメンバーの名前を記入させる方

法である。「クラスの中で信頼されているのは誰ですか」や「クラスの意見がまとまらないときにうまくまとめるのは誰ですか」，あるいは「クラスの中でいつも勝手なことをしているのは誰ですか」などの質問項目それぞれについて，該当者の名前を記入させる。結果は，望ましい質問項目の合計とそうでない質問項目を合計したり，前者と後者の差によって理解する。ただし，指名されない児童生徒についての理解は深まらないほか，特定の領域で高い評価を得ている児童生徒については，他の質問項目についても高い評価を得やすい傾向があること（ハロー効果）（Q45参照）も念頭に置いた解釈が必要である。

　もう1つは学級社会的距離尺度である。これはカニングハム（Cunningham, Elzi, Hall, Farrell, & Roberts, 1951）によって開発された，すべての児童生徒の受容と拒否の程度を調べる方法である。具体的には，すべてのクラスメイトについて評定を行い，2つの観点から結果をまとめる。1つは各回答者の観点から，その回答者がそのクラスをどの程度受容（あるいは拒否）しているかについて，質問票の合計点を算出する方法である。これを自己社会的距離得点と呼ぶ。もう1つは，各メンバーがクラスメイトからどの程度受容（あるいは拒否）されているかを，全員の回答結果に基づいて，その数値を合計することで，各メンバーがクラスからどの程度受容（あるいは拒否）されているかを調べる方法である。これを集団社会的距離得点と呼ぶ。

　こうした学級集団の測定において注意すべき点としては，児童生徒の回答が実際の排斥につながる懸念が挙げられる。「一緒に遊びたくない」あるいは「勉強したくない」といった質問に対し，回答後，児童生徒間で誰を書いたかうわさ話をしたり，本当にそうは思っていないのに，いじめの一環として特定の人物名を多くのクラスメイトが書くなど，この測定自体がいじめにつながることもある。このため，今日では，よほど必要なことがない限り，こうした測定は実施されない傾向にあり，学級集団の測定においては，こうした事柄を直接尋ねる質問項目が用意されていない，Q-U（Q43参照）などの利用が主流となっている。

参考文献

Cunningham, R., Elzi, A., Hall, J. A., Farrell, M., & Roberts, M.（1951）
　　Understanding group behavior of boys and girls, Columbia, Teachers
　　College, Columbia University.
島久洋（1986）「仲間とともに－学級集団」杉原一昭・海保博之編著『事例
　　で学ぶ教育心理学』福村出版，pp.171-199.
杉下守男（1982）「集団構造の分析法－ソシオメトリックテスト」塩見邦
　　雄・金光義弘・足立明久編著『心理検査・測定ガイドブック』ナカ
　　ニシヤ出版，pp.87-101.

（藤原健志）

Q 41　仲間関係の重要性と発達について説明しなさい

　自分と年齢や能力が似た存在である仲間との関係は，親や教師といった他の大人との関係とは異なる機能を持ち，子どもの発達に様々な影響を与えることが明らかになっている。ここでは，児童期と青年期における仲間関係の特徴について述べる。

1．児童期の仲間関係

　児童期になると，認知能力の発達により，相手の立場に立って物事を考えられる能力が高まる。これにより，集団での遊びも増え，仲間関係がより広がりをみせる。また，興味や関心，能力などが近い者同士で同じ遊びを共有する仲間関係を形成するようになる。そのため，児童期の仲間関係は流動的なものから次第に安定したものに変化していく。さらに，児童期以降になると，親や教師など大人に反発することが増える一方で，仲間に認められることや仲間と遊びを共にすることが重要になる。良好な仲間関係を形成している児童は，リーダーシップの高さや仲間から好かれているなどの社会的適応の良さと関連しており，さらに学業不振などの学校適応の問題を抱えるリスクが低いことが明らかにされている。逆に，仲間から拒否される経験が多い児童は，孤独感を感じやすく，不安や抑うつといった心理的な問題を抱えるリスクが高い。しかも，仲間から拒否される児童は，仲間に対して攻撃的な反応を示す傾向を高め，それにより更なる仲間からの拒否を招くことが明らかにされている。加えて，仲間からの拒否の経験が継続することで，「自分は他者からないがしろにされる存在である」という自己概念を形成し，他者の意図を悪意あるものと捉えてしまう傾向が強くなることも報告されている。このように児童期の仲間関係は，子どもの発達に大きな影響を与える要因となっている。

　児童期後期にあたる小学校高学年の頃になると，同性・異年齢の友人達との間で，閉鎖的で，外面的な同一行動による一体感を重視する仲間集団が形

成される。この仲間集団はギャング・グループ（gang-group）と呼ばれる。ギャング・グループは，仲間内でしか通じない言葉やルール，秘密基地を作り，同じ遊びを共有できない仲間を排除し，リーダーとフォロワーの役割がはっきりとしているといった特徴がある。なお，こうした集団は，競争的な活動や組織的なスポーツを好み，仲間と何をして過ごすかという点に関心を持つ傾向が高い男子で形成されやすい。対照的に，女子は，活動内容よりも親和的な関係性を重視し，親密な友人関係の中で打ち明け話をするなど親密性と排他性の高い仲間関係を形成する傾向にある。こうした仲間関係を通して，子ども達は仲間内の役割，責任，さらには性の規範などの社会的な事柄を学んでいく。しかし，現代においては，少子化や遊び場の減少，放課後の多忙さなどの要因によって，子どもが自由に遊べる機会が減少しており，特に異年齢で構成されるような仲間集団の形成が難しくなってきている。

2．青年期の仲間関係

中学生の頃になると，子ども達は認知能力の発達により，将来をより具体的に考えることができるようになり，自立へ向けた自己探索が始まる。また，親との心理的な距離が次第に広がる一方で，勉強や部活，進路，対人関係などの悩みも増してくる。そうした時に，行動を共にしてくれる自分と似た仲間との関係は，子ども達にとってますます重要となる。この時期には，チャム・グループ（chum-group）と呼ばれる，同質性を重視する仲間関係が形成される。チャム・グループは同性・同年齢の小さな仲間集団であり，仲間同士でいつも一緒の行動をとり，共通の趣味や関心などの内面的な類似性を言葉で確認しあうといった特徴がある。そして，チャム・グループには異質なものを排除しようとする傾向も強くみられ，他の集団や異質な人物を拒否することで仲間集団の凝集性を高めようとする面がある。異質性の拒否は，仲間集団の規範から外れてはならないというピアプレッシャー（peer pressure）を強めることにもつながる。これらの特徴から，この時期の子ども達は何としても「浮いた存在」になることを忌避する傾向が高まり，グループに所属してもなお仲間から拒否される不安を抱いたり，友人関係に対する満足感が低

くなることがある。また，仲間内で目立つ存在であり，強い影響力と魅力を持っているなど仲間からの人気が高い者は，その集団内での高い地位を持つことになる。人気の高い者は，基本的には社会的適応や学校適応が良好であることが多い。しかし，人気の高い者の中には，他のグループから好ましく思われていない者や反社会的行動傾向，無視・仲間外れ・陰口といった非暴力的な攻撃行動傾向が高い者も存在している。そのため，児童期に比べて，青年期の仲間関係と子どもの適応の関連はより複雑なものに変化しているといえよう。

　青年期中期以降となる高校生の頃になると，仲間との内面的な類似性のみを重視する傾向は和らいでいく。そして，仲間に対して自身の内面をより開示し，価値観や理想について語り合うといった行動が増加していく。この時期にみられる仲間関係は，ピア・グループ（peer group）と呼ばれ，内面的にも外面的にも自立し，互いの相違性を認め合うという特徴がある。自己開示した価値観などの内面が仮に異なっていても，お互いに尊重し合えるようになり，異質性に対して許容的になる。異質性に対して許容的になるため，メンバーは同性・同年齢に限る必要がなく，メンバーの性別・年齢に幅ができるようになる。この様に，青年期の仲間関係は，類似性を重視する排他的な関係から，異質性を認め合う相互に自立した関係へと変化していく。こうした仲間集団とのやり取りを通して，子ども達は1人の人間として独立した個性を自認し，そして，その個性が仲間から認められる経験を重ねることで，青年期の自己探求に大きな影響を与えると考えられる。

参考文献

保坂亨・岡村達也（1986）「キャンパスエンカウンター・グループの発達的・治療的意義の検討−ある事例を通して」『心理臨床学研究』4（1），pp.15-26.

J. B. クーパーシュミット・K. A. ダッジ（2013）（中澤潤訳）『子どもの仲間関係−発達から援助へ』北大路書房.

（関口雄一）

Q 42　学級集団におけるいじめの問題について述べなさい

1．いじめをめぐる近年の動向

（1）いじめの定義

　文部科学省によれば，いじめとは「児童生徒に対して，当該児童生徒が在籍する学校に在籍している等当該児童生徒と一定の人的関係のある他の児童生徒が行う心理的又は物理的な影響を与える行為（インターネットを通じて行われるものも含む。）であって，当該行為の対象となった児童生徒が心身の苦痛を感じているもの」（いじめ防止対策推進法第2条）と定義されている。この定義は，いじめを社会全体で問題視し，対処していくことを目的とした「いじめ防止対策推進法」の施行に伴い，2013（平成25）年から採用されたものである。いじめ防止対策推進法の成立の背景には，痛ましいいじめ被害の実態が大きな社会問題となったことが関わっている。このいじめの定義には，「いじめは必ず起きるもの」という前提が込められており，いじめを早期発見し，対処するために些細な兆候も積極的に捉えることが重視されている。なお，いじめが起こった場所は，学校の内外を問わないとされている。

（2）いじめの防止等のための基本的な方針

　いじめを些細な兆候から積極的に捉えるという方針のもと，いじめの認知件数は全学校種において近年増加を示している。特にいじめの認知件数の増加が著しいのは小学校であり，2019（令和元）年に発表された平成30年度のいじめの認知件数は425,844件と，前年度から10万件以上の増加が示されている。この認知件数の増加には，いじめの定義を巡る議論が影響している。特にインパクトが大きかったのは，2017（平成29）年に改定された「いじめの防止等のための基本的な方針」である。その中で，従来，いじめとして扱われていなかった「けんか」について，「けんかやふざけ合いであって

も，見えない所で被害が発生している場合もあるため，背景にある事情の調査を行い，児童生徒の感じる被害性に着目し，いじめに該当するか否か判断するものとする」との改定が行われている。これにより，初期段階のものも含めて，いじめを積極的に認知することが現場の教員に浸透し，大幅な認知件数の増加が確認されたと考えられる。

　また，「いじめの防止等のための基本的な方針」では，教員が1人で問題を抱え込むことがいじめ深刻化のリスクを高めるとし，些細な兆候や懸念であっても抱え込まず，又は対応不要であると個人で判断せずに，直ちにすべて当該組織に報告・相談することを求めている。そして，学校に対して，いじめ問題に対応する組織を作ることを求めている。

2．いじめの実態と対応

（1）いじめの実態

　国立教育政策研究所が行った児童生徒を対象としたいじめ追跡調査によれば，本邦において最も典型的ないじめの行為は「無視・仲間はずれ・陰口」である。実際に，中学1年生から中学3年生の各時点において「無視・仲間はずれ・陰口」の被害経験が「ぜんぜんなかった」と常に答え続けた生徒は全体の31.5%に留まっている。加害経験についても同様に，各時点すべてで「ぜんぜんなかった」と回答した中学生は，34.2%であった。このことから，特定の児童生徒に偏ることなく，多くの子どもが入れ替わりながらいじめにかかわっていることが明らかになっている。これほど多くの子どもが「無視・仲間はずれ・陰口」に加担してしまう背景には，それらの行為が暴力に比べて，些細なことであり，問題性が低いとみなされることが挙げられる。しかし，「無視・仲間はずれ・陰口」も，何度も繰り返されたり，多くの者から集中的に行われることで，被害者が強い精神的な苦痛（抑うつ・不安・身体的愁訴）を受けることも明らかにされている。加えて，暴力を伴ういじめの影響を取り除いても，「無視・仲間はずれ・陰口」が精神的な苦痛をもたらすことも示されている。よって，すべての児童生徒の些細なトラブルも，深刻ないじめにつながりうる兆候として積極的に把握し，対処する必要があると言

える。

　さらに，近年注目されているいじめの形態として，「パソコンや携帯電話等でひぼう・中傷や嫌なことをされる」といったネットいじめがある。直接的な暴力やからかい，無視や仲間はずれなどのいじめの形態に比べると，未だにネットいじめの件数は少ないものの年々増加はしている。平成30年度に認知された高校のネットいじめの件数は，全体の19.1%を占めるに至っている。ネットいじめは，その被害の種類によっては，仮に加害者が加害行為をやめたとしても，インターネット上に個人情報が拡散し続けてしまうなど，従来のいじめよりも長期的な悪影響を及ぼす可能性があり，被害者に深刻な苦痛を与えることになる。

（2）いじめの構造と対応

　いじめを「被害者」「加害者」「観衆」「傍観者」の4者から構成される構造として捉える考え方がある。ここでの「観衆」とは，自分で直接手をくださないものの，周りではやし立て，おもしろがることにより，いじめを積極的に是認する存在とされる。観衆からの肯定的な反応は，加害者がいじめに従事する動機につながる。また，「傍観者」とは，見て見ぬふりをして，いじめを暗黙的に支持してしまう存在とされる。しかし，傍観者はいじめが起きた際に止めようとする「仲裁者」となりうることも指摘されている。仲裁者の人数が増えたり，学級内で人気のある者が仲裁するなどして，いじめに反対する勢力が大きくなるほど，加害者は仲間からの肯定的な反応を受けにくくなるので，いじめに従事する動機を失っていく。そのため，「いかに傍観者を増やさずに，仲裁者を増やすか」という点が，いじめの予防と対応において重視される。さらに，傍観者が積極的にいじめを止めることが難しくても，周囲の大人に助けを求めたり，あるいは被害者の側に寄り添ってくれるなどの行動をとることも，いじめの深刻化の防止や被害の低減につながるとされる。このように，いじめに対処する際には，いじめ被害者や加害者だけに原因を求めるのではなく，教室全体の仲間関係の文脈に働きかけることが重要となる。なお，教室内でのいじめにおいて，これら4つの立場は頻繁に入れ替わり，加害者だった者が被害者に変わったり，傍観者が被害者の立

場になることも珍しくない。よって，いじめの4層構造の立場を固定的に捉えることなく，すべての児童生徒がいじめに対して否定的な態度を持てるような学級の雰囲気を形成することが重要となる。すべての子どもを対象にしたいじめの予防教育の例として，ノルウェーのオルヴェースによって作成されたいじめ予防プログラムやフィンランドで開発されたキヴァ（KiVa）プログラムが挙げられる。これらのプログラムでは，いじめを促進する仲間の行動を減らすことや，被害者へのピア・サポートの提供の重要性と介入した際の効力感等を子どもに学ばせる機会を提供している。その学習方法の具体例として，キヴァプロジェクトのコンピューターゲームの活用が挙げられる。子ども達は，ゲーム内の運動場や食堂，廊下等で生じる難しい状況に対して行動選択を求められ，授業で学んだいじめ対処の知識に基づいた対応ができているかフィードバックを受けることができる。そして，ゲーム上での練習を経て，現実場面への学んだスキルの適用が促される。本邦においてもこれらのプログラムを参考にした取り組みが実施されており，その効果が検証されている。

参考文献

国立教育政策研究所（2016）いじめ追跡調査2013-2015いじめQ＆A https://www.nier.go.jp/shido/centerhp/2806sien/tsuiseki2013-2015_3.pdf　2020年4月28日閲覧.

文部科学省（2017）いじめの問題に対する施策 https://www.mext.go.jp/a_menu/shotou/seitoshidou/1302904.htm　2020年4月28日閲覧.

文部科学省（2019）平成30年度児童生徒の問題行動・不登校等生徒指導上の諸課題に関する調査結果について　https://www.mext.go.jp/b_menu/houdou/31/10/1422020.htm　2020年4月28日閲覧.

森田洋司・清永賢二（1994）『新訂版　いじめ－教室の病い』金子書房.

山崎勝之・戸田有一・渡辺弥生（2013）『世界の予防教育－心身の健康と適応を守る各国の取り組み』金子書房.

（関口雄一）

Q 43　学級風土について説明し，そのアセスメント（測定）について述べなさい

1．学級風土とは

　「明るい学級」，「大人しいクラス」などと1つ1つの学級に性格があるような表現が用いられることがある。学級風土（classroom climate）とは，学級独自の性格のことを意味し，学級内の生徒同士の相互作用や教師の指導方針，クラスの規模や教室の特徴などの多様な要素から規定される。そもそも学級集団とは，教育目標の達成という公的要請を受けて組織された集団である（学級集団についてはQ38も参照）。そのため，児童生徒は授業や学級活動に関する公式のルールに従うことを求められる。しかし，学級が編成された直後の時期，子ども達はお互いのことをよく理解していない部分も多いため，緊張や不安を感じやすく，防衛的な行動をとりやすい。そのような中，教師の働きかけや共通の課題に取り組むことを通して，学級のルールの定着と児童生徒同士が協力し合う関係づくりが進み，学級としてのまとまりが高まっていく。そして，子ども達にとって居心地のよい，互いに尊重し合えるような関係性が形成されることで，児童生徒の行動や考え方の基準となる規範が形成される。規範が形成される過程では，児童生徒，教師も含めた学級全体の相互作用がくり返されるが，その相互作用のくり返しの中で次第に学級の雰囲気，つまり学級風土が醸成される。1度学級風土が形成されると，今度はその学級風土自体が学級を構成する個人の行動や考え方に影響を与えるようになる。例えば，学級のルールを順守する行動が評価される学級では，子ども達は一定の規則正しい生活や行動を取りやすくなり，学級全体の流れに反する一部の子どもの影響力が小さくなると考えられる。また，学級集団の状態が，子どもの学習や友人関係満足度，学校満足度に影響を与えることも明らかになっている。

　親和的でまとまりのある学級風土の形成には，教師のリーダーシップや環

境調整力が重要になる（学級集団における教師のリーダーシップの役割については Q44 も参照）。前述したように，学級集団は最初から協調的でまとまっているということはなく，集められた集団の中でルールが共有されていくにつれまとまっていくものである。そのため，教師は年度当初に学級に集まった児童生徒が，みな異なる生育歴と教育的ニーズを持っていることを前提に，そうした異なる個性を持つ子ども達に学級での生活を通して共通のルールを学ばせることが求められる。さらに，教師は児童生徒が互いの特性を理解，受容し，多様な個性が活躍できる集団として成熟させることも期待されている。こうした目標を達成するために，教師は児童生徒の個々の特性や仲間集団を十分に理解して関心を持つこと，規律ある学級のルールの確立，すべての児童生徒が活発に交流し，互いを認め合いながら自主的に行動できる機会の提供などを行う必要がある。これらの教師の行動は，具体的には係活動や生活班決め，席替え，学活といった学級経営を通して実行される。そして，教師の熱心な学級経営や親和的な配慮が生徒の学級適応感と関連することも明らかにされている。

２．学級のアセスメント

（１）学級風土尺度

　学級全体の雰囲気を多側面から把握するための方法として，生徒を対象に，学級への認識について尋ねる新版中学生用学級風土尺度がある。学級風土尺度は，人間を取り囲む環境が風土を通して健康や生き方に幅広く影響するというモースの理論に基づいて作成されている。よって，モースの理論的枠組みを援用して質問項目が設けられており，それらは「関係性」，「個人発達と目標志向」，「組織の維持と変化」の３領域に大きく分類されている。まず，関係性の領域では，学級活動への関心や取り組みの程度や生徒同士の親しさ，グループレベルでの対立の程度，学級の満足感，自由に意見を表明することを可能とする個人を尊重する雰囲気の程度を問う項目群から構成されている。次に，個人発達と目標志向の領域は，学級の教科学習への熱意を問う項目群から構成されている。そして，組織の維持と変化の領域では，クラ

ス全体の規則順守の程度とリーダーの有無を問う項目群から構成されている。このように新版中学生用学級風土尺度は，学級の状態について細分化して把握できるようになっている。そして，学級状態の詳細な把握によって，教師が実践的な問題解決の方法や今後の指導方針をより具体的に得ることを可能としている。

（2）楽しい学校生活を送るためのアンケートQ-U

　楽しい学校生活を送るためのアンケートQ-U（Questionnaire‐Utilities，以下，Q-U）は，児童生徒の学校生活の満足感を調べる質問紙である。Q-Uは，「学級満足度尺度」と「学校生活意欲尺度」の2つの尺度で構成されている。そのうち，学級満足度尺度は，自分が級友から受け入れられ，大事にされていると感じる程度を測定できる「承認得点」と，トラブルやいじめなどの不安を感じる程度を測定できる「被侵害得点」の2下位尺度から構成される。そして，「被侵害得点」をX軸，「承認得点」をY軸として，全国平均値で直交させて構成される4群に児童生徒個人の結果をプロットすることによって，各自の学級生活満足度を把握することができる。さらに，学級全員の結果を1つの図にまとめることにより，学級におけるルールとリレーションの確立の状態も把握することを可能とする。このようにQ-Uは，教師が観察や面接で得た情報を客観的に補いつつ，視覚的に把握することを可能とするアセスメント方法であり，全国の教育現場で広く活用されている。

参考文献

伊藤亜矢子・宇佐美慧（2017）「新版中学生用学級風土尺度（Classroom Climate Inventory；CCI）の作成」『教育心理学研究』65（1），pp.91‐105.

河村茂雄（2006）『学級づくりのためのQ-U入門』図書文化.

（関口雄一）

Q 44　学級における教師のリーダーシップの役割について説明しなさい

　いじめ（Q42参照）や学級崩壊など教室での問題はいつの時代も絶えない。この問題を解決するために，教師のリーダーシップ（leadership）が重要な役割を果たす。国分（1984）は，リーダーシップとは「集団の目標を達成するために各メンバーが連帯感を持ちながら，自分の能力を最大限に発揮できるように援助する能力である」と述べている。リーダーシップのイメージとして命令や指示を出して部下をコントロールする姿がしばしば思い浮かべられるが，それは望ましい働きかけではない。目標を達成するために指示を出したり叱咤激励をしたりすることももちろん求められるが，それだけではなくメンバーが連帯感や集団への満足感を持てるように支援することも重要である。実際に，レヴィンら（1939）はリーダーシップのタイプを，リーダーが意思決定に積極的に関与する「専制型（authoritarian）」，意思決定や作業をメンバーに任せる「放任型（laissez-faire）」，メンバーと話し合い共同して意思決定や作業を行う「民主型（democratic）」の3つに分類し，民主型のリーダー下での成員が最も生産性と満足度の面で優れていると結論づけている。

　このようなリーダーのタイプに着目したリーダーシップ理論は会社などの組織研究で発展してきたが，学級における教師のリーダーシップ研究にも応用されている。特に日本では，三隅が提唱したPM理論に基づいた研究が盛んに行われてきた。この理論ではリーダーの役割としてP（performance）機能と，M（maintenance）機能を想定している。P機能は目標を達成することを促進させるような働きかけであり，メンバーに指示を与えたり，きまりを守らせたり，叱咤激励をしたりと生産性を高めるための行動が特徴である。学級における教師の行動としては，子どもの態度が好ましくない時に叱ったり，規則を守るように言ったり，授業中に厳しく指導する行動が該当する。一方でM機能は集団の維持を目指すような働きかけであり，メンバーを励ましたり，仲間関係を取り持ったり，話しやすい関係を築いたりと集団をま

とめるための行動が特徴である。学級における教師の行動としては，子ども
を褒めたり，相談に乗ったり，話をよく聞いてあげたり，冗談を言って場を
和ませたりといった行動が該当する。

　この理論では，P機能とM機能の組み合わせにより，4つのリーダーシッ
プのタイプを想定している（図6-44-1）。

　1つ目がP機能とM機能がともに
高いPM型，2つ目がP機能は高い
がM機能は低いPm型，3つ目がP
機能は低いがM機能は高いpM型，
4つ目がP機能とM機能ともに低い
pm型である。そして，三隅・吉崎・篠
原（1977）や河村・田上（1997）など

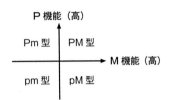

図6-44-1　PM理論によるタイプ分け
（出典：三隅（1986）を参考に筆者作成）

多くの実証的な研究を通してPM型の教師の下で学ぶ子どもたちは学校生活へ
の積極的な意欲を表すスクール・モラールが高いことや，学級への満足度も良
好であることなどが明らかとなっている。教師のリーダーシップとしては，P
機能のように子どもたちがそれぞれの目標を達成できるように積極的に働き
かけ，必要であれば指示を出したり，叱咤激励をしたりする行動と，M機能
のように子どもたちと適切な関係性を築き，話をよく聞いてあげたり，積極
的に褒めてあげたり，子どもの達成を共に喜んだりする行動がバランスよく
十分にとれているPM型であることが望まれるだろう。なお，PM型に次いで，
pM型，Pm型，pm型の順で子どもたちの適応度が高いことなども報告されて
いる。

　また，教師本人が自分のリーダーシップのタイプをどのように認識してい
るかだけでなく，子どもが教師のリーダーシップをどのように認知している
のかも重要である。教師自身はM行動だと思っているかかわり方が，子ども
たちからしたら教師から圧力をかけられているといったP型の行動のように
感じられてしまうことも考えられる。例えば，子どもの勉強の相談に乗って
いるつもりでも，子どもからすると先生から勉強のことをうるさく言われて
いると感じているかもしれない。子どもの目線に立ち，自分の行動を子ども

からどのように認知されているのかを知ることも求められる。

このように，教師のリーダーシップの役割として，目標を達成することを促進すること（P機能）と，集団の機能を維持すること（M機能）が重要であり，その両者が優れているPM型であることが望ましいと思われる。

しかしながら，リーダーシップの効果はリーダーのタイプだけではなく，集団との相互作用によって変化することも指摘されている。教師としてリーダーシップを発揮する際には，集団の特徴を踏まえて，子どもたちにとって望ましいスタイルを考え続けることが重要となるだろう。

参考文献

河村茂雄・田上不二夫（1997）「児童が認知する教師のPM式指導類型とスクール・モラールとの関係についての考察」『カウンセリング研究』30 (2)，pp.121 - 129.

国分康孝（1984）『リーダーシップの心理学』講談社現代新書.

Kurt Lewin, Ronald Lippitt, and Ralph K, White（1939）. Patterns of aggressive behavior in experimentally created "social climates." *The Journal of Social Psychology,* 10, 271 - 299.

三隅二不二（1986）『リーダーシップの科学 – 指導力の科学的診断法』講談社.

三隅二不二・吉崎静夫・篠原しのぶ（1977）「教師のリーダーシップ行動測定尺度の作成とその妥当性の研究」『教育心理学研究』25 (3)，pp.157 - 166.

（三和秀平）

Q 45　教師の子どもに対する接し方に関して，注意しなければいけない点について説明しなさい

　教師が子どもと接する際に気を付けるべき点は数多くある。その中でも，認知的なバイアス（cognitive bias）に関する点，報酬の弊害に関する点，自律性支援（autonomy support）に関する点について述べる。

1．教師が持つ認知的なバイアス

　教師が子どもと関わる際には，様々なバイアス（bias）が生じる。学校教育現場で見られるバイアスが子どもに影響するものとして，教師期待効果が有名である。教師期待効果は，別名ピグマリオン効果（pygmalion effect）やローゼンタール効果（rosenthal effect）とも呼ばれる。この効果は，特定の個人に対して期待を抱くことで，その個人の成績が向上するものである。ローゼンタールとジェイコブソン（1968）は，ある学級で知能検査を行い，担任の教師にはこのテストは今後の子どもの成績を予測するものであると伝えた。そして，担任の教師には複数人の子どもの名前が挙げられた名簿を見せ，テストの結果この子どもたちは今後の成績の向上が期待できると伝えた。だが実際は，名簿に挙げられた子どもたちは無作為に選ばれており，選ばれた子どものテストの成績が優れているという事実はなかった。それにもかかわらず，特に低学年のクラスにおいて，名前を挙げられた子どもたちの成績が向上していた。これは，教師が特定の子どもに期待をすることで積極的に関わるようになるなど，その子どもに対する態度が変わったことや，子どもも期待されることを意識し努力したことが関係していると考えられる。このように，事実無根であったとしても，教師の期待が子どもの成績に影響を与える可能性がある。

　ただしこの効果は，いつもポジティブに働くとは限らない。教師期待効果とは逆の現象として，特定の子どもを「できない子」と思うことで実際にその子どもの成績が低下してしまうゴーレム効果（golem effect）も報告されて

143

いる。教師として子どもと関わる際には，特定の子どもに「できる」，「できない」といったラベルを貼るのではなく，全員の子どもが「できる」と思って接することが重要である。

　他にも，ハロー効果（halo effect）が生じることで誤った評価が下される可能性もある。ハロー効果とは，特定の対象を評価する際に，顕著な特徴に引っ張られて評価が歪められることである。例えば，ある子どもの学業成績が良い場合に，性格や行動面も実際以上に優れていると評価されることがしばしばある。一方で，学業成績が良くない場合には，性格や行動面も実際よりも劣っていると評価されてしまうこともある。子どもと接する際には，バイアスにより評価や態度が変わってしまう危険性を理解した上で，正しく子どもをとらえるように努めることが重要である。

２．誤った報酬の与え方による弊害

　子どもが勉強しない時に，「勉強したらシールをあげる」など，報酬を用いて望ましい行動を引き出すことは，教育の中でしばしば行われるだろう。確かに報酬が有効に働く場面もあるが，コーン（2001）は必ずしも報酬が効果的に働くとは限らないと主張している。その理由として，以下のことを挙げている。

（1）報酬は罰になる

　報酬には人をコントロールする側面がある。何かをしたら報酬を与えて行動に導くことと，何かをしなかったら罰を与えることによって行動に導くことは，子どもに外部からコントロールされる経験をさせるといった意味では同じである。また，報酬をもらえると期待していたのに，もらえなかったという経験をする人を生み出すこともある。この場合，報酬をもらえなかった人にとっては，罰と同じような効果をもたらす可能性がある。

（2）報酬は人間関係を破壊させる

　一般的に報酬は，学習や仕事の成果を最大にさせるような望ましい人間関係を促進，維持したりするようには働きにくい。例えば，クラスの中でテストの点数が上位であった数名に報酬を与えるとした場合に，子どもたちの間

に，報酬をもらえた人への嫉妬や，もらえなかった人への軽蔑が生じる可能性が考えられる。また，教師と子どもの関係にも害を及ぼす。報酬や罰でコントロールされる経験をした子どもは，教師から自分の行動を判断され，その判断によって報酬を得られるのか，罰を与えられるのかが決まると感じるだろう。そのような状況下では，教師と子どもの関係が歪むことは避けられない。報酬は，人間関係に影響を及ぼす数多くの要因の1つにすぎないが，人間関係を良くない方向へと導く可能性を秘めていることを理解しておくことも重要である。

（3）報酬は理由を無視する

報酬は，うまく行っていないと思われるときに使われることが多い。子どもが勉強をしなかったり，言うことを聞かなかったりしたときに，その行動を変えるために用いられる。その際に，報酬を与える側は，そもそもその問題がなぜ生じたのかを考える必要はない。なぜ子どもが勉強しないのか，なぜ言うことを聞かないのかを突き詰めて考えなくとも，報酬を与えることで一時的には行動の改善がみられるだろう。ただし，それでは本質的な問題の解決にはなっていないことに注意しなければいけない。このように，報酬には与える側が問題の根本的な原因を考える機会を阻害する可能性も秘めている。

（4）報酬は冒険に水を差す

報酬は確かに動機づけになる。ただし，それは報酬を目指す動機づけである。報酬によって動かされている場合には，そうでないときに比べて視野が狭くなり，報酬とは直接関係ない事柄に注意を向けることが少なくなる。例えば，様々な色で書かれた単語を覚える課題を行い，単語の種類を全部覚えれば，報酬がもらえると教示したとする。その際に，単語の種類だけでなく，単語の色について尋ねた場合，単語の種類を覚えれば報酬が約束されていた学習者は，報酬を約束されていない学習者に比べて思い出せる色は少なくなる。報酬を目当てに行動するときは，報酬を得るのにちょうど必要なだけのことをし，それ以上はやらなくなる。そのため，周辺的な様相に気づかなくなったり，冒険や新たな可能性を追求したりすることを阻害してしまう可能性がある。

（5）報酬は興味を損なう

　デシ（1971）の研究やレッパーら（1973）の研究では，もともと意欲的に取り組んでいる活動に報酬が与えられることで，内発的動機づけが阻害されてしまうというアンダーマイニング現象（undermining effect）（Q29参照）が確認されている。もともとは面白いからといった理由で取り組んでいても，報酬を受けることにより行動の目的が報酬をもらうことに変わってしまう。そして，報酬がもらえているうちは行動するかもしれないが，報酬がなくなった後には自発的な行動が阻害されてしまう。報酬はそれを与えることで，後の興味を低下させてしまう恐れがあることにも注意が必要である。

　もちろん，教師と子どものかかわりの中で，報酬が有効に働く場面は多くあるが，一方で弊害が生じる可能性も秘めている。そのため，むやみに用いるのではなく，その使い方をよく考える必要があるだろう。

3．自律性支援

　デシとライアン（2000）が提唱している自己決定理論（self-determination theory）（Q33参照）の枠組みでは，子どもの自律性に焦点を当てた自律性支援が，人の自律的な学びやウェルビーイング（well - being）を向上させると考えられている。リーヴ（2006）は，自律性支援にかかわる教師の行動として，①子どもの話をよく聞くこと，②発言の機会を与えること，③個別の活動のために十分な時間を設けること，④進歩や熟達について褒めること，⑤努力するように励ますこと，⑥困っていたらヒントを与えること，⑦質問やコメントに適切に反応すること，などの働きかけを挙げている。自律性支援的な態度を有する教師は，指導場面において賞罰を用いて子どもをコントロールするのではなく，選択の機会を与えるような指導をする傾向にある。このような指導を受けることで，子どもたちの基本的心理欲求（Q33参照）が充足され，教師との関係の質が向上するとともに，自律的な動機づけやウェルビーイングが促進されると考えられる。

　その一方で，学校教育現場ではしばしば自律性を阻害するような教師の行動も見られる。リーヴは自律性を阻害する統制的な教師の行動として，①教

材を独占すること，②子どもが課題に取り組む前に解答を教えること，③子どもに答えを発見させるのではなく，教師が答えを提示すること，④指示的な指導をすること，⑤「～すべき」，「～しなければいけない」という言葉をよく用いること，⑥「私の言った通りにやっている？」など相手をコントロールするような質問をすること，などの働きかけを挙げている。このような指導は子どもの自律性を阻害し，教師との関係の質や，子どもの自律的な動機づけおよびウェルビーイングを低下させてしまう恐れがある。子どもと接する際には，自律性を阻害する働きかけではなく，支援する働きかけができるように意識することが望まれる。

参考文献

アルフィ・コーン（2001）（田中英史訳）『報酬主義をこえて』法政大学出版局.

Edward L. Deci（1971），Effects of externally mediated rewards on intrinsic motivation. *Journal of Personality and Social Psychology,* 18, 105-115.

Edward L. Deci., and Richard M. Ryan（2000），The "what" and "why" of goal pursuits: Human needs and the self-determination of behavior. *Psychological Inquiry,* 11, 227-268.

Johnmarshall Reeve（2006），Teachers as facilitators: What autonomy-supportive teachers do and why their students benefit, *The Elementary School Journal,* 106, 225-236.

Mark, R. Lepper., David, Greene., & Richard, E. Nisbett（1973），Undermining children's intrinsic interest with extrinsic reward: A test of the "overjustification" hypothesis. *Journal of Personality and Social Psychology,* 28, 129-137.

Robert Rosenthal, and Lenore Jacobson（1968），*Pygmalion in the classroom: teacher expectation and pupils' intellectual development,* New York: Holt, Rinehart and Winston.

（三和秀平）

第7章

知能とパーソナリティ

Q 46　教育心理学研究における個人差研究の歴史（展開）について説明しなさい

　身長や体重などの身体的特徴に個人ごとの差異があるように，心理的な諸特性にも個人差があることが古くから指摘されている。心理的な諸特性における個人差に関する最初の記述は，古代ギリシアや古代ローマ時代まで遡ることができる。個人差研究には，一般的に，知能とパーソナリティの領域が含まれる。知能とパーソナリティの研究はそれぞれ独自な流れで展開されてきた。

1．知能研究の歴史

　知能という概念の誕生の背景には，1820年代のフランスにおける進化論の普及がある。そのなかで，動物の知的能力と人間の知性が同一次元の連続体として捉えられるようになり，知能という用語が使われるようになった。

　進化論の影響から人間の知能を測定するという発想が生まれ，イギリス人のゴールトン（Galton, S. F.）は，先駆的な研究を行った。ゴールトンの能力の遺伝に関する思想はその後批判されたものの，彼が開発した様々な測定器具，測定方法（例えば，双生児法）および分析方法（例えば，相関係数の原型）はその後の研究に影響を与える価値のあるものであった。

　ゴールトンの後継者であるピアソン（Pearson, K.）は，統計学者として，今日でも使われている相関係数を考案した。その後，スピアマン（Spearman,

C. E.）がその相関係数を用いて，今日の因子分析の原型となる手法を開発した。

　ゴールトンの研究とは異なる流れであるが，1900年代にフランスでの義務教育の普及を背景に，ビネー（Binet, A.）は，異常児の査定と彼らに特別教育を実施するという目的で，同じ研究の関心を持つ弟子であるシモン（Simon, T.）とともに，知的遅滞の児童を識別できる知能検査の開発を進めた。その成果として，1905年に「ビネー・シモン知能測定尺度」が公表された。

　ビネーの知能検査は，当時アメリカの知的障害の子どもを訓練する学校の研究職を務めていたゴーダード（Goddard, H. H.）により翻訳され，アメリカでの普及が推進された。その後，スタンフォード大学の研究者であるターマン（Terman, L. M.）がビネーの知能検査の標準化を行い，シュテルン（Stern, W.）が考案した知能指数（IQ）を採用し，「スタンフォード・ビネー知能検査」を作成した。

　知能検査の応用的研究が進められてきた一方，知能の構成概念に関する理論的検討もイギリスでなされている。前述のスピアマンが因子分析の方法を利用して，知能を一般的な知的能力を表すg因子と状況的知能を表すs因子に区別している（2因子説）。一方で，心理測定の専門家であるサーストン（Thurstone, L. L.）は，一般的な知的能力因子の考え方を批判し，因子分析の方法を改善して知能がより多くの因子（例えば，「言語理解」，「数」，「空間」，「記憶」，「推理」，「語の流暢性」）によって構成されることを示している（多因子説）。2因子説と多因子説が対立する中で，スピアマンの弟子であるキャッテル（Cattel, R. B.）は，2因子説のg因子をさらに，過去の経験や学習の影響を大きく受ける「結晶性知能」と，経験や学習の影響を受けにくい「流動性知能」（例えば，計算力，推論力など）に区別するモデルを提案している。このモデルは，その後ホーン（Horn, J. L.）により拡張され，「結晶性知能」と「流動性知能」に加え，「視覚的知能」，「短期の習得と検索」，「長期の貯蔵と検索」，「認知的処理速度」など10の能力因子が区別された。ただし，キャッテルと異なり，ホーンは一般な知能因子の存在に関しては，否定的な態度をとっていた。多因子説の展開として，1950年代に，

ギルフォード（J. P. Guilford, J. P.）が提唱した「知能構造モデル」もある。知能構造モデルでは，情報処理機能の観点から，知能を内容，操作と所産の3次元から構成している。

　第1次世界大戦後の義務教育の普及及び移民教育の問題を背景に，アメリカの教育システムでは知能検査が広がり，様々な知能検査が開発されるようになった。その中で，最も知られているのがウェクスラー（Wechsler, D.）によって開発された検査である。言語理解に依存する質問項目が中心となっているビネーの検査の問題点に対して，ウェクスラーの知能検査は，言語性検査と作動性検査から構成されている。「ウェクスラー式知能検査」は，その後，最も使用頻度の高い知能検査となった。

　1970年代以降の知能理論は，純粋な心理測定的なアプローチより，認知科学や神経科学の研究成果に基づいたアプローチの理論が目立つ。例えば，スタンバーク（Sternberg, R. J.）は，知能を生涯にわたる環境の変化に対処する能力として捉え，「コンポーネント的／分析的能力」，「経験的／創造的能力」，「実際的／文脈的能力」の3つのバランスを重要視する「知能の鼎立理論」を提唱している。また，ガードナー（Gardner, H. E.）は，神経心理学の視点から，「言語的知能」，「論理数学的知能」，「対人的知能」，「内省的知能」など7つ（その後，3つが新たに追加）側面から知能を捉える「多重知能理論」を提唱している。

　1990年代に，キャロル（Carroll, J. B.）は，460以上の知能検査の結果をメタ分析し，その結果に基づき，「知能の3層理論」を発展させた。その後，マッグルー（McGrew, K. S.）は，前述のキャッテルとホーンによる知能モデル，キャロルの3層理論を統合し，「CHC理論」を提唱した。CHC理論では，知能の階層的な構造を仮定し，第1層目には，70以上の狭い能力因子が置かれており，第2層目には，主に10の広範な能力因子が置かれている。CHC理論は，21世紀における主流な知能理論となり，Woodcock-Johnson IV Tests of Cognitive Abilities（WJ-IV-COG），Kaufman Assessment Battery for Children Ⅱ（K-ABC-Ⅱ）など多くの知能検査はCHC理論に準拠して作成・改訂されている。

2．パーソナリティ研究の歴史

　古代における最も有名なパーソナリティ理論は，2世紀にギリシャの医師であるガレノス（Galēnos）によって提唱された「体液説」である。その説では，血液，粘液，胆液，黒胆液の4種類の基本体液の多寡によって個人の気質が異なることが説明され，18世紀までの間，西洋の心理学に長く影響を与えていた。その後，ドイツの医師であるガル（Gall, F. J.）が「骨相学」を創始し，19世紀の前半のイギリスにおいてブームになっていた。これらの理論は，今日では科学的根拠の乏しいものとされているが，その後のパーソナリティ理論の原型となった。

　古代の気質理論を科学的な研究方法によって基礎づけた一人は，ドイツの精神科医クレッチマー（Kretschme, E.）であった。クレッチマーは，精神病患者の体型の特徴から，性格を「分裂気質」，「躁鬱気質」，「粘着気質」の3つに分類する理論を提唱している。この理論は類型論（type theory）の代表的な理論とされており，同じ類型論として，個人の価値観によって性格を6類型に分類するシェプランガー（Spranger, E.）の性格類型論，心的エネルギーの方向と心的機能によって性格を8類型に区別するユング（Jung, C. G.）の性格類型論も挙げられる。

　パーソナリティ心理学の確立は，20世紀に入ってからのことであった。それまで，個人の意思を含意する「キャラクター」という用語が使われてきたが，20世紀に入ると，アメリカの研究では，フランスの異常心理学から由来する「パーソナリティ」という用語を使うようになった。また，1920年代になると，非行少年相談施設や児童相談所がアメリカの全土で設置されるようになることを背景に，適応問題のある子どもにパーソナリティのアセスメントを行うことが普及するようになってきた。その中で，パーソナリティ研究の関心は，精神疾患患者から健常者へ拡大しつつある。

　健常者のためのパーソナリティ理論を最初に提唱したのは，オルポート（Allport, G. W.）である。オルポートは，人間をそれ自身の目標，意図，計画や価値観による主体性を持つ存在であると捉えている。また，特性（trait）

をパーソナリティの基本的単位とすることを提案し，人の特性を多くの人々に共通する「共通特性」と個人が独自に有する「個人特性」に区別した。パーソナリティの測定について，オルポートは辞書から性格を記述する用語を収集し，基本的性格特性語リストを作成した。

　オルポートと並んで，パーソナリティ心理学の創始者とされている人物は，マーレー（Murray, H. A.）である。マーレーは，人の欲求に基づくパーソナリティ理論を展開した。その中で，マーレーの研究拠点であるハーヴァード大学の心理クリニックの心理学者とともに，今日のパーソナリティの測定における重要なテストである「主題統覚検査（TAT）」を開発した。

　その後，パーソナリティ研究の舞台に登場したのは，キャッテル（Cattell, R. B.）とアイゼンク（Eysenck, H. J.）である。キャッテルは，知能の因子分析の研究で知られるスピアマンのもとで博士号をとった。その後の1930年代に渡米し，オルポートとマーレーから多くの影響を受けていた。キャッテルの主な貢献は，因子分析の方法をパーソナリティ研究に応用した点にある。キャッテルは，オルポートの性格特性語リストの項目を含む性格検査の調査データを因子分析の手法で分析した結果，パーソナリティを構成する16因子が抽出され，「16パーソナリティ因子質問紙（16PF）」が作成された。

　キャッテルと同じく，スピアマンのもとで学んでいたアイゼンクも因子分析の手法を用いた性格理論を提唱した。ただし，純粋に調査データからパーソナリティの構成を探るキャッテルの手法に対して，アイゼンクはより理論的な裏付けを重要視した。アイゼンクが考案した「モーズレイ性格検査-MPI」では，生理心理学的な知見に基づいた「内向・外向」と「神経症傾向」の2次元で性格を捉えている。この捉え方は，その後の5因子説にも影響を与えた。

　キャッテルの16因子に対する批判から，コスタ（Costa, P. T.）とマックレー（McCrea, R. R.）らによりパーソナリティ特性の5因子説が提唱され，この説は，「NEO-PI性格検査」の普及により，定着するようになった。

参考文献

Hunt, M.（2007）*The story of psychology,* Anchor.
大芦　治（2016）『心理学史』ナカニシヤ出版.　　　　　　　　　（湯　立）

Q 47 心理学は人間の知能をどのようなものとして捉えてきたか，知能の定義について述べた上で，知能の規定因について説明しなさい

1．知能とは：知能の定義

「あの人は頭がいい」と言う時の「頭のよさ」とは何だろうか。単に勉強ができるという意味以上のものがそこに込められているとしたら，それはどのような能力だろうか。

人間は言語を操る能力や思考能力などの面において優れた能力を持っている。これら人間の知的活動を支える能力，つまり知能がどのようなものであるかについては古くから考えられてきた。たとえば，ビネーは「知能とは一定の方向をとり，それを維持する能力，目的達成のために適応する能力，自己批判する能力である」と考え，世界で最初の知能検査を開発した（Q46参照）。その後も多くの研究者が知能について考察を行ったが，人間の知的活動のどの点に注目するかによって知能の定義は自ずと異なってくる。心理学者の知能に対する見方も千差万別ではあるが，大きく分類すると，次の3つに収束しそうである。

①経験から新しい行動や知識を学習する能力
②推理力，洞察力などの高度な抽象的思考
③新しい場面に対する適応能力

教育業界では知能検査の開発者の1人であるウェクスラー（Wechsler, D.）による定義「知能とは，目的的に行動し，合理的に思考し，効果的に環境を処理する，全体的・総合的能力である」が比較的広く受け入れられているようである。しかし，知能をどのようなものとしてとらえたとしても，その知能を測定できなければ意味はない。つまり，知能は知能検査によって測定されることによってはじめて，知能として存在するものである。また，どのような知能検査を作成するかによって，測定される知能が異なるという面が存

在することも否めない。ある知能検査Aによって測定された知能Aと，知能
検査Aとは検査内容の異なる知能検査Bによって測定された知能Bが同じも
のを表しているという保証はどこにもない。そうすると，知能検査の数だけ
知能が存在すると言えなくもない。その意味において，「知能とは知能検査
によって測定されたものである」とする操作的定義の視点も重要である。

　知能検査によって知能が測定可能になると，知能検査はすべての知能を測
定できているのかどうかが問題となった。現行の知能検査はすべての知能を
測定できていないとの批判から多重知能や情動性知能などの新しい知能観も
生まれた。

　近年，人工知能（AI）研究の発展により，それまで人間にしかできない
と考えられていた多くの知的な仕事が人工知能によって遂行可能であること
が明らかになってきた。実際に人間と協力して，あるいは人間の代わりに知
的な作業を行う人工知能も既に実用化されている。このような中，機械の知
能と人間の知能を比較することにより，人間固有の知能とは何かを探る動き
も始まっている。人工知能研究が回り回って人間の知能とは何かという問い
を投げかけている。

２．知能の規定因：遺伝か環境か

　知能は遺伝によって先天的に決定されているのか，それとも取り巻く環境
からの働きかけによって後天的に身につけられるものなのか，これは子ども
の教育を考える上で非常に重要な問題である。なぜなら，あらゆる教育活動
は，外部環境からの後天的な働きかけに他ならないからである。仮に知能が
遺伝によって先天的に決定されており，後からどのような働きかけを行おう
とも変化しないものであったなら，それはある意味教育の可能性を否定する
ことになる。しかし，もしも知能が環境の影響を受けるのであれば，教育に
よるどのような働きかけが知能を伸ばすのに有効であるかを考えることにつ
ながる。

　知能の規定因が遺伝なのか環境なのかに対しては，家系研究や野生児研究
などの状況証拠を通して盛んに議論されてきた。最初は「遺伝か環境か」で

あった議論もやがて「遺伝も環境も」へと落ち着いていった。そして現在，知能に対して遺伝と環境の影響がどの程度あるのかについては，行動遺伝学の双生児研究が科学的解答を与えた。行動遺伝学においては双生児法という研究手法がよく用いられる。1つの受精卵から生まれ遺伝子的にまったく同じ形質を持つ一卵性双生児と2つの受精卵から生まれ遺伝子的にはきょうだいと同じ類似性を持つ二卵性双生児とを比較することによって，また家庭の事情などで別々の家庭に引き取られてそれぞれ異なる環境で育てられた双生児を比較することによって，知能への遺伝の影響，環境の影響を定量的に検討しようとする手法が双生児法である。

　一卵性双生児は二卵性双生児と比べて知能の類似性が高く，これは遺伝の影響があることを示している。その一方で，同じ一卵性双生児でも一緒に育てられた場合の方が別々に育てられた場合よりも知能の類似性が高く，これは環境の影響があることもまた示している。研究者によって数値にばらつきはあるものの，概ね遺伝の影響は半分程度あると考えられる。

　行動遺伝学における知能研究はここからさらに発展し，遺伝と環境の交互作用についても検討を重ねている。遺伝と環境の交互作用とは，遺伝，環境単独では説明のつかない複合的な作用を指す。環境によって遺伝が影響を受けたり，遺伝が環境を選び取ったりする。

　逆もまたしかりで，遺伝的に知能がそれほど高くない子どもに対して知能を高めるような環境が用意されなかったり，また本人がそのような環境をあえて求めないということがある。例えば遺伝的に知能の高い子どもには知能を高めるために恵まれた環境を親が用意したり，また，本人が自分の知能をより高めることのできる環境を選択したりすることがある。逆もまたしかりで，遺伝的に知能がそれほど高くない子どもに対して知能を高めるような環境が用意されなかったり，また本人がそのような環境をあえて求めないということがある。遺伝と環境の交互作用が知能にどのような影響をどの程度及ぼすのか，さらなる研究の蓄積が待たれる。

参考文献

安藤寿康（2014）『遺伝と環境の心理学 − 人間行動遺伝学入門』培風館.

イアン・ディアリ（2004）（繁桝算男訳）『知能』岩波書店.

（三好一英）

Q 48　代表的な知能理論について説明しなさい

　知能の構造・構成要素については，これまでに多くの研究者がさまざまな理論を提唱してきた（Q46も参照）。その中には，後に知能検査の理論的背景となったものも多数ある。ここでは代表的なものをいくつか紹介する。

（1）2因子説

　スピアマンは，さまざまな知的活動についてテストを行い，それらの成績間の関連性を調べた。そして，ある何かがよくできる者は総じてどれもよくできる傾向にあることを発見した。このことから，知的活動全般に影響を与える一般因子（g）と個別の知的活動それぞれに影響を与える特殊因子（s）の2種類から知能は構成されるとする2因子説を提唱した。

（2）多因子説

　スピアマンの提唱する一般因子に疑問を持ったサーストンは，知的能力に関する様々なテスト結果の分析から，言語理解，語の流暢性，記憶，空間，知覚判断の速さ，数，推理の7つの知能因子を発見し，多因子説を提唱した。当初，サーストンは一般因子の存在に否定的であったため，一般因子の存在を巡って論争が起こった。だが，その後の研究によりサーストンも一般因子の存在を認めることとなり論争には一応の決着がついた。これ以降，知能理論研究はその多くが一般因子の存在を前提とし，その下位構造としてどのような知能因子がいくつ存在するのかを探るものへと移行した。

（3）立体構造モデル

　ギルフォードは一般因子の下位構造として，内容，所産，操作の3つの側面を仮定し，これらの組み合わせから知能が構成されるとする知能の立体構造モデルを提唱した。

（4）神経心理学モデル

　ルリアは脳損傷患者の研究をもとに神経心理学の立場から知能について考察した。そして脳の部位を注意と覚醒，行動のプランニング，情報処理過程の3つのブロックに分け，それぞれのブロックの機能とその統合により知能

をとらえようとした。

（5）PASS 理論

ルリアの神経心理学モデルを発展させたダスは，知能がプランニング，注意，情報処理過程（同時処理，継次処理）の 4 つの下位因子から構成されるとする PASS 理論を提唱した。

（6）Gf - Gc 理論から CHC 理論へ

キャッテルは一般因子が流動性知能（Gf）と結晶性知能（Gc）の 2 つの下位構造を持つとする Gf - Gc 理論を提唱した。流動性知能とは計算や記憶，類推などの能力に寄与するものであり，結晶性知能とは単語理解や知識などの能力に寄与するものである。この Gf - Gc 理論は後にホーンにより拡張され，また，世界中の知能検査を再分析したキャロルの結果とも高い整合性が見られたため，理論の統合が行われた。この 3 人の名前の頭文字から CHC 理論と呼ばれている。現在，この CHC 理論が最も妥当性の高い理論として世界中で受け入れられており，多くの知能検査の理論的背景となっている。

（7）その他の理論

新しい知能観に基づく知能理論も多く提唱されている。スタンバーグは，知能は分析的知能，創造的知能，実践的知能の 3 つからなるとする三頭理論を提唱し，従来の知能検査は分析的知能しか測定していないと批判した。ガードナーは知能の高い人間が必ずしも年収の高い職業についていないことを指摘し，知能そのものは複数あると考えた。そして，論理・数学的知能，言語的知能，音楽的知能，空間的知能，博物的知能，身体・運動的知能，対人的知能，内省的知能の独立した 8 つから知能は構成されるとする多重知能理論を提唱した。また，ガードナーの影響を強く受けたメイヤーは，感情をうまく管理し利用することは知性であるとし，知能とは「自分や他者の感情を理解し，識別し，思考や行動に活かすこと」とする情動性知能を提唱した。

参考文献

村上宣寛（2007）『IQ ってホントは何なんだ？』日経 BP 社.

（三好一英）

Q 49　代表的な知能検査について説明しなさい

　知能理論に基づき，多くの知能検査が開発された。知能検査の主な目的は，同年齢集団内における知能の遅れを発見するため（個人間差の測定）と，得意分野・不得意分野を発見し，特別支援教育などでの適切な援助方法につなげるため（個人内差の測定）の２つである。知能検査はその国の言語と文化の影響を受けるものが多いため，原則自国内での利用に限られるが，評価の高い知能検査の中には他の国の言語・文化様式に合った内容となるよう改訂・標準化され利用されるものも多い。日本国内で利用されている代表的な知能検査について個別式知能検査と集団式知能検査に分けて紹介する。

（1）個別式知能検査

　個別式知能検査は，個室などで検査者が被検者に対して１対１で行うものである。検査問題が印刷された用紙や種々の器具などを用いて検査を行う。問題への正答，誤答の数や回答までの所要時間などを計測し，知能指数を算出する。詳細な検討が可能になる反面，実施に要する時間が比較的長い。

①ビネー式知能検査

　世界初の知能検査は知的障害児支援を目的にビネーによって考案された。ビネーは知能検査によって精神年齢を測定し，これを生活年齢と比較することで，どの子どもに知的発達の遅れが見られるのかを明らかにしようとした。開発当初はビネー独自の知能観によって作成された検査であったが，最新版ではCHC理論に則した知能因子を測定することが可能となった。国内では，田中・ビネー式知能検査，鈴木・ビネー式知能検査などが使用されている。

②ウェクスラー式知能検査

　ウェクスラーは年齢別に幼児用（WPPSI），児童用（WISC），成人用（WAIS）の３種類の検査を開発した。かつては全検査IQの他に動作性知能，言語性知能の２つを測定していたが，最新版では全検査IQの他に，言語理解，ワーキングメモリ，知覚推理，処理速度の４つの群因子を測定し，これをCHC理論の観点から解釈できるようになった。

③カウフマン式知能検査（K‐ABC, KABC‐Ⅱ）

カウフマン夫妻はルリアの神経心理学モデルを基礎理論に，同時処理，継次処理の点から知能を評価する児童用の知能検査K‐ABCを開発した。改訂版（KABC‐Ⅱ）では，ルリアの理論とCHC理論の両面から知能を評価できるようになった。

④DN‐CAS認知評価システム

K‐ABCがルリアの理論のうち同時処理と継次処理しか測定していないことに不満を感じたダスとナグリエリは，ルリアの理論を発展させたPASS理論を提唱し，これに基づいた知能検査CASを開発した。日本語版のCASはDN‐CAS認知評価システムという名前で知られている。

(2) 集団式知能検査

集団式知能検査は，検査者が大人数の検査者に対して一斉に検査を行うものである。検査用紙と鉛筆，計測用の時計があれば実施可能な簡便な検査であり，個別式検査に比べ短い時間で実施が可能である。かつては教育現場においてアンダーアチーバー，オーバーアチーバーの発見とその指導に役立てることを目的に，学校の教室場面で実施することを想定して多くの集団式知能検査が開発された。しかし近年，教育現場において知能検査が用いられることはほとんどなく，またそれらの検査が依拠する知能理論も古い。多因子説に依拠した京大NX知能検査，立体構造モデルに依拠した教研式新学年式知能検査などがある。

(3) 知能指数

知能検査の結果は知能指数（IQ）という形で表される。かつては精神年齢と暦年齢との比で表す方式を採っていたが，現在では同年齢集団の知能の分布が正規分布にしたがうことを利用して，同年齢集団の知能の平均を知能指数100とし被検者のIQを算出する相対的な評価方法が採用されている。

参考文献

服部環・外山美樹編（2013）『スタンダード　教育心理学』サイエンス社.

（三好一英）

Q 50　知能の生涯発達的変化について説明しなさい

　知能はどのような発達的変化をたどるのか。これまでの古い発達観は，発達を子どもが大人になるまでの過程としてしか捉えてこなかった。しかし，発達を「生まれてから死ぬまで」と捉える生涯発達心理学の観点に立ち，人間は生涯を通して変化・成長を続けるものと考えると生涯知能の発達的変化とは「生まれてから死ぬまでの知能の変化」となる。

（1）生後から成人期まで

　生後から成人期までの知能の発達過程は，いわば知能の獲得から完成への過程である。脳神経ネットワークの構築による身体能力の発達，言語能力の発達などと大きく関係しながら知能の発達は進んでいく。

　知能は学校教育という環境要因の影響も受けながら，全体として 7 ～ 13 歳頃までに著しく発達する。知能検査が測定する知能は量的な知能であり，その量は年齢を追うごとに増加していく。例えば，言語能力について言えば，使用可能な語彙数，文法の種類は年齢を追うごとに増加する。記憶能力についても短期記憶，長期記憶ともに，年齢を追うごとに記憶できる量や時間が増加していく。そして青年期に近づくにつれてその発達ペースは緩やかとなり，20 歳頃に頂点に達すると考えられる。しかし，知能因子ごとにそのスピードは異なり，また個人差もかなり大きい。

　このように，年齢とともに知能が量的な変化を遂げることは言うまでもないが，それと同時に知能検査では測定することのできない質的な変化が起きていることもまた見逃せない。たとえば「何ができないか，そしてそれはいつできるようになるか」に注目したピアジェの認知発達理論が指摘するように，子どもの認知発達は感覚運動期から前操作期，具体的操作期を経て形式的操作期へと移行する中で大きな質的変化を遂げる。

（2）成人期から老年期以降

　かつては，「知能は成人期をもって完成し，また完成された知能はその後生涯を通して変化しない（知能の恒常性）」という考え方が支配的であったが，

さまざまな研究結果から現在ではこの考え方は否定されている。また，成人期よりも老年期の方が身体的な機能が衰えることから「加齢に伴い知能も低下する」と単純に解釈することもどうやら正しいとは言えないようである。

　流動性知能，結晶性知能の点から加齢の影響を検討した研究は，両方の知能因子が加齢とともに衰退していくわけではなく，それぞれの知能因子が別々の発達的変化を遂げることを明らかにした。

　流動性知能のピークはおおむね20歳代くらいにあり，その後徐々に低下していく。60歳代以降はかなり急速に低下していくが，80歳代くらいまでの低下は生活支障をきたすほどのものではない。その一方で結晶性知能は20歳以降も緩やかに上昇を続けていく。結晶性知能のピークは流動性知能のピークよりもかなり遅く，おおむね60歳代くらいにある。そしてその後は徐々に低下していくものの，低下のスピードは非常に緩やかであり，80歳代くらいになっても20歳代の人にも負けない水準を維持している。加齢による知能の低下は流動性知能においてのものであり，結晶性知能に関しては加齢の影響はきわめて少ないと考えてよさそうである。

　加齢によりすべての知能が低下するわけではない。身体能力の衰えを知的能力の衰えと結び付けて考えがちだが，結晶性知能のように年齢の蓄積が知識や経験の蓄積となるものもある。「亀の甲より年の功」，「おばあちゃんの知恵袋」といった言葉は，まさしくそのようなものを指すのであろう。

　なお，老年期以降の知能の変化に一番影響を与えるのは，むしろ認知症などの疾患である。アルツハイマー型認知症の場合には認知機能全般において大幅な低下が生じる。血管性認知症の場合は脳梗塞によりダメージを受けた脳部位が担っていた特定の認知機能に障害が生じる。これらの疾患による認知機能障害は老年期以降に多く見られるため，老年期の知能低下を印象づけている感があることは否めない。

参考文献

イアン・ディアリ（繁桝算男訳）（2004）『知能』岩波書店.

（三好一英）

Q 51　心理学におけるパーソナリティの代表的定義と，パーソナリティの捉え方（理論）の主要な分類について説明しなさい

1．パーソナリティとは

　パーソナリティとは，個々の人間の思考，感情，行動に関する特徴そのものや，個人の行動を決定するパターンを指す。後述するパーソナリティの諸理論を提唱した研究者らは，「多かれ少なかれ安定した個人の特徴（性格，気質，知性，体質など）の持続的体系で，個人に独自の環境への適応の仕方を決定するもの」（アイゼンク），「個人の中にあって，その人の特徴的な思考と行動を決定する，精神身体的体系の動的組織」（オールポート），「個人がある場面におかれたとき，その人のとる行動を決定するもの」（キャッテル）などと定義した。近年では，個人の過去の記憶や経験の影響と，未来への展望の視点を含めた定義もなされている。また，パーソナリティは人それぞれ独自であり，かつ時間的，状況的にある程度一貫した行動パターンを示すという点を強調する立場もある。

2．パーソナリティの理論

　パーソナリティにまつわる理論は，類型論と特性論に大別できる。最初に確立されたのが類型論であり，その後，類型論の短所を補うかたちで特性論が誕生した。

（1）類型論

　類型論とは，パーソナリティをいくつかの少数のタイプに分類する考え方である。この考え方は，古代ローマ時代におけるガレノスの四気質説に端を発する。四気質説とは，4つの体液の優位性に対応した気質を想定した理論である。その後，精神病患者の病前性格と体型の関連性をもとに分類したクレッチマーの3類型や，身体の発達部分の度合いによるシェルドンらの3類

型といった体型に基づく分類が，類型論の基盤を築いた。これらの他にも，リビドーの方向性と心の主要機能の組み合わせによる 8 類型を想定したユングの理論などが，類型論に含まれる。

　類型論は，パーソナリティの直感的な把握や大まかな傾向の理解には役立つが，混合型や中間型，例外などを理解しづらい点が短所である。

（2）特性論

　特性論とは，パーソナリティをいくつかの特性（特徴）の組み合わせとして捉える考え方である。個人のパーソナリティをステータスやパラメーターの組み合わせによって把握し，細かな個人差によって記述するものである。

　特性論は，辞書に掲載されている特性語を抽出・分類したオールポートらの研究に端を発する。その後，因子分析，行動観察，行動実験などを用いて提唱されたアイゼンクの 3 因子モデルや，オールポートらが収集した用語を整理して 16 因子説としたキャッテルらによって，特性論が発展した。

　特性論の研究が進むにつれ，パーソナリティを表す特性は，文化を超えて概ね共通した 5 つに収束すると結論づけられた。この結果として提唱された理論が，Big Five 理論である。これは，パーソナリティを神経症傾向，外向性，経験への開放性，調和性，誠実性の 5 因子から把握する考え方である。

　特性論は，類型論とは異なり，個人の特徴を把握でき，中間型や混合型も想定できる上に，他者との比較が容易である。しかし，想定する特性の数が多いほど，個人の全体像の把握や解釈が難しくなるという短所もある。

参考文献

小塩真司（2010）『はじめて学ぶパーソナリティ心理学 – 個性をめぐる冒険』ミネルヴァ書房.

鈴木公啓（2012）『パーソナリティ心理学概論 – 性格理解への扉』ナカニシヤ出版.

渡邊芳之（2010）『性格とはなんだったのか – 心理学と日常概念』新曜社.

（市川玲子）

Q 52 パーソナリティの発達的変化について説明しなさい

1. パーソナリティへの遺伝と環境の影響

　双生児の知能やパーソナリティの類似度を測定することで知能やパーソナリティに対する遺伝の影響を検討する双生児法という研究方法によって，パーソナリティへの遺伝の影響が検討されてきた。これまでの研究によると，ほとんどのパーソナリティの遺伝要因の説明率は30 〜 50％程度であり，個人に固有の環境・経験・学習の効果である非共有環境要因の影響が強いことが明らかにされている。すなわち，パーソナリティには，生得的な要因の他に，後天的に獲得された要因が大きく関与していると考えられている。

2. パーソナリティの形成と変化

（1）パーソナリティの発達的変化に影響する内的要因

　まず，年齢が上がることに伴う生物学的変化（成熟）が挙げられる。幼少期や若年期は身体的な変化や脳の成熟，そして性的成熟がパーソナリティの変化に影響を及ぼし，中年期以降は体力の衰えや生活習慣病への罹患といった要因がパーソナリティの変化に影響を及ぼす。また，所属する社会に相応しい価値観や態度，規範を身につけていく社会化の過程も，生涯を通じて個人のパーソナリティの形成に影響を及ぼす。

（2）パーソナリティの発達的変化に影響する環境的要因

　環境的要因とは，個人の外にあるさまざまな要因を指すが，これには後天的に経験する学習や対人関係の他に，時代の影響や社会文化的要因も含まれる。時代的あるいは社会文化的に求められる，性別や社会的立場などに応じた役割に沿って，パーソナリティは生涯にわたって変化する。

（3）パーソナリティの発達的変化に影響するその他の要因

　上記の要因に加え，さまざまな偶発的要因も，個人のパーソナリティに影

響を及ぼす。例えば，高校受験や大学受験の成否，恋愛，結婚，離婚，就職，異動，転職，入院，怪我といった，誰にでも生じ得る個人的なライフイベントも，パーソナリティの変化に影響を及ぼす。また，戦争，不況，疫病の流行といった社会的な変化も，個人のパーソナリティに影響を及ぼし得る。

（4）発達課題

エリクソンは，発達における自我の機能を重視し，自我の成熟の過程を心理社会的発達段階としてモデル化した。これは，生涯発達を展望したライフサイクルの観点から，自我の発達を記述する8つの発達段階を設定したものである。自我は，それぞれの発達段階の中で，重要な他者（環境）との関わりから生じる心理社会的危機を乗り越えながら発達するという前提に立ち，この危機を乗り越えることで，心理社会的な力が獲得され，自我はより成熟したものになると考えられている。

例えば，乳児期には，養育者との基本的信頼感を獲得できるかどうかという心理社会的危機が設定されており，この危機を乗り越えることで，他者や社会に対する希望という力を獲得できると想定されている。第一次反抗期とも重なる幼児期の後期には，養育者の意思から離れて自分で行動を決する際に，主体性を獲得するか罪悪感を覚えるかという心理社会的危機が想定されている。この危機を乗り越えることで，自らの意志で行動するための目的意識という力を獲得できると想定されている。

参考文献

安藤寿康（2014）『遺伝と環境の心理学－人間行動遺伝学入門』培風館.

榎本博明・安藤寿康・堀毛一也（2009）『パーソナリティ心理学－人間科学，自然科学，社会科学のクロスロード』有斐閣.

林創編著（2019）『発達心理学（公認心理師スタンダードテキストシリーズ12)』ミネルヴァ書房.

無藤隆・岡本祐子・大坪治彦編（2009）『よくわかる発達心理学』ミネルヴァ書房.

（市川玲子）

Q 53 パーソナリティ検査の種類とそれらの特色，および代表的なパーソナリティ検査の概要について説明しなさい

パーソナリティ検査とは，パーソナリティを客観的に把握するための心理検査であり，投影法，質問紙法，作業検査法に大別される。

1．投影法

投影法とは，曖昧な刺激に対する反応の傾向を調べるパーソナリティ検査である。回答の自由度が高く，本人が意識していない無意識的なパーソナリティの特徴を把握できる点が特徴である。そのため，被検査者に検査の意図を察知されにくく，回答が歪められにくいという利点がある。しかし，検査結果の解釈には熟練を要し，時間もかかるという難点がある。代表的な投影法の検査には，以下のものがある。

（1）ロールシャッハ・テスト

左右対称のインクの染みを見せて，何に見えるかを答えさせ，その発話内容から被検査者の思考過程，精神状態，パーソナリティを解釈する検査である。解釈の際は，反応の数，着眼点，内容などによってスコアリングを行う。

（2）PF スタディ（Picture Frustration Study）

日常場面で遭遇しうる欲求不満場面の絵を見せて，そのような場面でどのように反応するかを答えさせる検査である。回答内容から，攻撃性が向けられる対象（方向）や内容のタイプをもとに被検査者を分類し，自我や超自我が阻害された状況に対する対処の傾向を調べることができる。

（3）描画法

特定のテーマを与えて絵を描かせる検査である。実のなる1本の木を描かせるバウムテスト，風景の構成要素を1つずつ順に描かせる風景構成画，家と木と人の絵を描かせる HTP（House-Tree-Person Test）などがある。対象物を書いた紙面上の位置，大きさ，筆圧，描画の細かさ，色づかい，全体的な雰

囲気などから，被検査者のパーソナリティや精神状態を解釈する。言語を用いないため，言語未発達な子どもにも適用できるという利点がある。

２．質問紙法

　質問紙法とは，一連の質問リストが書かれた調査票に，被検査者が自分で筆答する形式の検査である。後述する選択式（リッカート式）の検査だけでなく，文章完成法といった自由記述式の検査も存在する。

　全般的なパーソナリティを把握するための質問紙法検査には，特性論の立場から，複数の特性（5〜12）について測定し，その個人のプロフィールを描くものが多い。ミネソタ多面人格目録や矢田部ギルフォード性格検査（Y-G性格検査）などがこれにあたる。一方で，特定のパーソナリティ傾向や精神状態を把握したい場合に用いられる質問紙法検査もある。例えば，うつ傾向の程度を調べるための検査に，ベック抑うつ質問票（BDI）などがある。

３．作業検査法

　作業検査法とは，単純作業を行わせた際の態度や結果から，被検査者のパーソナリティを調べる検査である。代表的な作業検査法は，内田クレペリン検査である。これは，一桁の数字の足し算を30分間（前後半それぞれ15分間）行わせ，1分ごとの作業量の継時的な変化のパターンから，被検査者のパーソナリティおよび適性を把握する検査である。一度に多人数の検査を実施することができ，結果が被検査者の言語能力に依存せず，検査の実施や結果の解釈が比較的容易であるという利点がある。一方で，心理的・身体的負担が大きい上に，体調や検査を受ける状況によって結果が左右されやすいという難点がある。

参考文献

松原達哉（2013）『臨床心理アセスメント 新訂版』丸善出版.

津川律子・遠藤裕乃編（2019）『心理的アセスメント（公認心理師の基礎と実践14）』遠見書房.

（市川玲子）

第**8**章

教育評価と測定

▌Q 54　教育評価の目的と機能について説明しなさい

1. 教育評価とその目的

（1）教育評価とは何か

　教育評価（educational assessment/evaluation）とは，教育の活動の結果として得られた効果や学習者の状態など，教育を行う上で必要となる情報の収集と理解のための活動全体をさす語である。類似の用語として教育測定（measurement）があるが（Q59参照），こちらは教育効果の数量的な計測という意味合いがより強い。

　教育を行う時，その教育活動が効果的であることを確認するためには，まず教育の結果である成績や達成度，あるいは理解度といった効果の測定が必要である。その他，学習者（児童・生徒）の学習への意欲や学習活動以前の知識がどのようなものかという情報も，教育活動には重要である。このような情報を教育に関わる当事者が共有し，理解すること，そしてそれらの情報をもとに教育活動を改善し，意義あるものにすることが，教育評価の中心となる目的である。

（2）何のために評価をするのか－教育評価の目的－

　教育評価の目的は教育活動を改善するための情報収集であると先に述べた。改善のために活動の実態を把握することは教育評価の重要な目的である。ここで得られる情報は，教育活動の実態を把握するための情報と，教育

を受ける学習者の実態を把握するための情報の2つに大きく分けることができる。

　教育活動の実態把握は，指導者や学校，あるいは行政などが計画し提供する教育が効果を与えているかを確認するものである。指導の結果当初の教育目標が達成されたか，児童・生徒が教育を受ける環境が適切であるかなど，学習者に提供された教育とその効果としての反応を測定する。

　これに対して学習者の実態把握は，学習者そのものの特性を知ることである。教育を受け学習を行うにあたり，学習者が既に有している知識や理解の程度，読み書き能力（リテラシー）や理解のスキル，学習に対する意欲や関心，学習のスタイルに関係する性格や認知特性などが測定される。あるいは，学習活動に困難をもたらす疾病や障害の有無などについても測定され，どのような教育を提供するのが適切であるかの資料となる。

　また教育評価はその結果として，しばしばクラス分けなど人員配置や待遇の提供の目的に使用されることがある。人員の配置もまた，教育の改善の一環として行われる手段の1つである。学習者の現在の学力やスキル，進路志望などの興味・関心などに応じて最適な教育の提供を行うことになる。

　これは入学試験や資格試験なども同様で，教育評価がその学校の求める児童・生徒を選択して配置するという目的，あるいは一定の資格や待遇を認めるための判断のために行われるのである。

　これとは別に，教育評価は学習者に対して現在の学習者の状態がどのようなものであるかを提供するためにもある。学習者自身が教育活動への取り組みを改善するため，教育評価の情報がフィードバックされることも重要な目的である。

2．教育評価の機能

（1）ブルームによる分類

　教育評価の機能的な分類としてブルームは，教育活動の中で評価が行われる時期による分類を行った。評価は学習活動前に評価が実施される診断的評価，活動中に実施される形成的評価，そして学習活動後に実施される総括的

評価の３つに分類される。

　診断的評価は学習活動が効果的であるよう整備されるために行われ，児童・生徒の学習に対する意欲，学習に必要となる知識を事前にどの程度理解しているか，あるいはそれ以前の学習がどの程度習得されているかなどが情報として収集される。形成的評価は学習活動が当初の目標や計画にしたがって進んでいるかどうか，学習者に適した状態で進んでいるかどうかなどの進行状況を中心として行われ，これにもとづいて学習活動の改善や修正などを行うためにある。総括的評価は学習活動の結果，学習者が学習を達成することができたか，あるいは効果がどの程度もたらされたかについて知るためにある。単元末や期末の試験・テストはほぼ相当する。いずれも，得られた情報によって教育活動の改善のために利用される。

（2）教育評価のインフォーマルな機能

　教育評価を行うことは，フォーマルな目的以外の機能をもたらす。たとえば，生徒に対して評価をフィードバックすることは，生徒にとって学習の改善のための情報になるだけではなく，本人のやる気などを高めたり低くしたりする動機づけの機能を持つ。あるいは他の学習者との競争意識をもたらすなどの働きも与える。また，評価の高低によって社会的序列の道具となったり，何を身につけることに価値があるかといった，社会的な価値観を方向づけたりすることにもなる。これらはインフォーマルな機能であるが，教育評価の中でやはり大きい影響を与える。

参考文献

Bloom, B. S., Hastings, J. T., & Madaus, G. F.（1971）. Handbook on formative and summative evaluation of student learning. AcGraw-Hill.（梶田・渋谷・藤田訳）（1973）『教育評価法ハンドブック—教科学習の形成的評価と総括的評価』第一法規.

（荷方邦夫）

Q 55 教育評価の歴史的展開（変遷）について説明しなさい

1．試験と統計の利用

　教育評価の歴史は試験の歴史でもある。記録に残る限り，中国では紀元前2200年頃には技能を判定する試験が実施され，紀元前1115年には試験の正式な手続きが残っている（McArthur, 1987）。この歴史は6世紀から始まった科挙（官吏の採用試験）に引き継がれ，儒教の経書の知識や詩文の才能を問う出題を中心に20世紀初めまで続いた。ヨーロッパでも少なくとも16世紀には筆記試験の記録があり，いずれも学習した内容の想起が必要となる論文体の試験がなされている。

　一方，初等・中等教育において学習内容の達成を測定する問題群と正解，そして点数による尺度化が広く採用されるようになったのは19世紀半ばのことである。これらは試験において「客観性」を保証する方策として有用であるという主張が当時からなされていたが，同時に正解を暗記するためだけの質の悪い学習をもたらすとして反発も多かった。

　これとは別に，16 ～ 17世紀から国勢調査などのために始まった統計学の発展は，やはり19世紀中頃までに一定の進歩を遂げ，正規分布など統計の基礎的概念や古典的確率論がまとめられた。これを積極的に利用したのは心理学や農業研究で，キャッテル（Cattell, R.）やゴールトン（Galton, F.）が心理検査の技法を進歩させる中で，客観的測定手法としてのテストと統計の利用が急速に普及を始めることになった。

2．教育測定（メジャメント）運動

　20世紀初頭に，教育の効果を統計的に測定し利用しようという動きが急速に発展した。ソーンダイク（Thorndike, E.）が人間の心的プロセスの測定についての研究を発表し，ほぼ同じ頃にビネー（Binet, A.）による知能の測定尺

度の開発やスピアマン（Spearman, C.）の知能研究が提出され，知能や学力など教育に関わる内容はすべて量的に測定できるという考えが受け入れられるようになった。このソーンダイクを中心とした教育における客観的測定を重視する動きが教育測定（メジャメント：measurement）運動で，1910年頃には米国を中心とした欧米で席巻することとなった。客観性を保証するための技法も次々と提案され，サーストン（Thurstone, L.L.）らによってテストの信頼性（測定の結果が安定しているか）と妥当性（測定項目が測定内容を反映しているか）（信頼性と妥当性については，Q59 も参照）を保つことの重要性と方法が示され，古典的テスト理論と呼ばれる一連の知見が確立した。古典的テスト理論はテストの得点とその分布を最も主要な情報として利用するものであり，相関（Q61 参照）や回帰，検定といった統計学的な知識を強く反映している。

　教育測定運動に対して，タイラー（Tyler）はテストが教育にとって測定すべき適切な内容を測定しているかという妥当性の観点から批判的な指摘を行い，テストが教育実践の効果を高めるものとして位置づけられていることが重要と主張した。彼は教育活動の実践に即した測定のあり方を考え，現在の教育評価の基礎となる流れを作った。タイラーはメジャメントに対してエバリュエーション（evaluation）の概念を重視し，これまでの単純な教育測定から，学習活動に対する興味や関心といった多様な側面をはかる，教育目標・教育課程にもとづいた評価への転換を主張した。

3．教育評価の発展と現在

　1950年以降，教育評価の課題の一つである，テストが個人の能力を正しく反映しているかについての新しい測定手法の開発や評価そのものの概念の再検討がなされるようになった。

　個人の能力やテスト項目の難易度を確率論的に求めようとする手法がロード（Lord）らの項目反応理論（IRT：Item Response Theory）であり，古典的テスト理論では限界のあった測定の信頼性の向上に貢献している。項目反応理論はテスト項目に対する受験者の回答の傾向があらかじめ確認されている場

合，個別の受験者のそれぞれの回答から実際の能力を推定することができる。それだけでなく，複数のテスト間の比較や平均点などもコントロールすることができるようになった。

　また，学校でのテストはテストという文脈から離れることができず，学習者の日常生活や，社会一般での能力を反映していないという批判も存在する。これに対してウィギンズ（Wiggins, G.）は，「真正（Authentic）な評価」という考え方を提案した。真正な評価はテスト場面よりより現実的な場面での能力を重視している。これを評価するために，知識やスキルを総合的に使う実際的な課題に対する結果・パフォーマンスに基づいて評価を行うパフォーマンス評価や，学習者の学習活動を継続的に記録し，長期的に収集された学習の成果にもとづいて評価を行うポートフォリオ評価などが提案され利用されている（田中，2008）。

　教育評価の歴史の中で一貫しているのは，評価の客観性を保証するための「エビデンス（証拠）」に基づく評価であり，歴史の中でもっとも重視されたのはパフォーマンス（結果）の数量化でもあった。これに対して，近年は結果の意味や関係といった，パフォーマンスの質的評価についても積極的に取り組まれるようになった。これによって，学習者の学習状況をより多角的な視点から評価し，さらなる教育方法の改善のために利用されている。

参考文献

David L. McArther（1987），*Reconstruction in PhilosophyEducational Assessment: A Brief History,* in *Alternative Approaches to the Assessment of Achievement,* Kluwer Academic Pubkishers.

Edward. Thorndike（1904），*An introduction to the theory of mental and social measurements.* N. Y., The Science Press.

田中耕治（2008）『教育評価』岩波書店.

（荷方邦夫）

Q 56　「学習指導と教育評価の一体化」とはどういうことか，説明しなさい

1．学習指導要領における指導と評価の一体化

　文部省教育課程審議会は2000年，その答申の中で指導と評価の一本化という考え方を打ち出した。この答申によれば，指導と評価は別物ではなく，評価の結果によって後の指導を改善し，さらに新しい指導の成果を再度評価するという一連の活動の中にあるとした。この計画（Plan）→実施（Do）→評価（Check）→改善（Action）で示される一連のサイクルをPDCAサイクルといい，指導と評価の一本化の考え方の根幹に位置づけられるものである。

　特に答申では，「学習指導の過程における評価の工夫」について言及している。これは，Q54で示した総括的評価を中心としてPDCAサイクルを実行するのではなく，授業の途中においても必要に応じて評価を行い，それを授業の改善に反映させるという形成的評価も含めて指導を展開することを重視しているものである。

2．カリキュラム設計と評価

　教育測定運動の提唱者の一人であるタイラー（Tyler, R.）は，カリキュラム設計の指針としてタイラーの原理を次のように提案した。
①教育目標の設定：学校はどのような教育を行うか，その目標を設定する。
②教育経験の提供：教育目標の達成にはどのような教育的経験を提供すればよいかを明らかにし，教育経験を設定する。
③教育経験の組織：これらの教育的経験はどのような順序で提供するのが効果的か，その組織を決定する。
④教育評価の実施：活動の結果教育の目標が達成されたかどうか判定するための評価が用意され，実施される。
　この原理は指導が計画された時点で，どのように評価するかについても決

定されている。言い換えれば，何を教えるか，どうやって教えるか，効果を
どのように確認するかについて，すべてが一貫したまとまりとしてあらかじ
め明らかになった上で教育活動が計画されている。指導と評価の一体化は，
教育活動の計画が事前に準備されていることと不可分なのである。その上
で，授業の途中でも学習者がどのような学習状況にあるか随時確認され，目
標の達成に向けて状況に応じた学習内容が提供されることが望ましい。評価
によるフィードバックが常に指導に活かされて，「一体化」はより確実なも
のになる。

3．児童・生徒を評価する視点

　中央教育審議会は指導と評価の一本化の中で，「主体的・対話的で深い学
び」を支える指導と評価の視点を重視する姿勢を明確にしている（2019年）。
カリキュラム・マネジメントを行う上で，児童・生徒一人ひとりの学習を確認
する際に留意することとして，観点別学習状況の評価で「知識・技能」「思
考・判断・表現」，そして「主体的に学習に取り組む態度」の3つの観点に整
理し，必要に応じて生徒一人ひとりの変化に着目した個人内評価の活用を強
調している。

参考文献

教育課程審議会（2000）児童生徒の学習と教育課程の実施状況の評価の在
　　　り方について（答申）https://www.nier.go.jp/kaihatsu/houkoku/tousin.
　　　pdf　2020年4月28日閲覧.

中央教育審議会（2019）　児童生徒の学習評価のあり方について（報告）
　　　https://www.mext.go.jp/component/b_menu/shingi/toushin/__icsFiles/af
　　　ieldfile/2019/04/17/1415602_1_1_1.pdf　2020年4月30日閲覧.

Ralph W. Tyler,（1949）Basic principles of curriculum and instruction. Chicago:
　　　The University of Chicago Press.

（荷方邦夫）

Q 57　相対評価と絶対評価など，学習評価の種類を説明しなさい

1．相対評価

　相対評価は，ある特定の集団内における個人の相対的位置で評価する。「集団に準拠した評価」とも呼ばれる。

　典型的な相対評価として，標準化得点がある。集団の平均を0として，そこから1標準偏差離れるごとに1を加減した得点である。たとえば，平均60点，標準偏差20点のテストで70点を取った個人の標準化得点は0.5である。偏差値やIQ（知能指数）も平均と標準偏差の換算のしかたは異なるが計算方法としては同一であり，偏差値は平均50，標準偏差10に，IQは平均100，標準偏差15（ウェクスラー式の場合）に換算される。

　その他，ある得点の「順位」は集団内の想定位置を示すから，典型的な相対評価である。また，定員が決まっている入学試験の合否も相対評価である。他にも，たとえば2標準偏差以上の者を5，1標準偏差以上の者を4，平均±1標準偏差の者を3といったような段階的評価も相対評価である。

2．絶対評価

　絶対評価は，評価基準をあらかじめ決め，その基準に対して達成の度合いを評価するものである。「目標に準拠した評価」とも呼ばれる。

　絶対評価を妥当に行うための一つの方法として，ルーブリックの活用がある。ルーブリックとは，数段階の達成段階を設定し，それぞれの達成段階に相当する基準を決めておき，どの段階に相当するのかを評価する方法である。たとえば，教育心理学に関する基礎知識の基準として，「A：辞典項目に用いられる基本的な用語について一通り説明ができ，さらに各用語に関連する問題点や批判などの議論ができる。」「B：辞典項目に用いられる基本的な用語について一通り説明ができるが，各用語に関連する問題点や批判などの

議論は困難である。」「C：・・・」といったように定める。

相対評価と絶対評価を比較すると，相対評価は評価者の主観が入りにくく客観性が保たれやすい一方，絶対評価は評価者の主観が入りやすく客観性が失われやすい。たとえば，絶対評価では甘い得点を付けがちな評価者と厳しい得点を付けがちな評価者で同じ対象の得点が異なることが起きやすい。一方，相対評価では全体的に甘いあるいは厳しい得点の中で相対的に評価されるため，最終的な得点の差違が起きにくい。しかし，相対評価は想定する集団の影響を受けやすいという欠点がある。たとえば，成績優秀な生徒が多くいる学校では相対的に順位が低くても，別の集団の中では高順位になる可能性がある。

３．個人内評価

相対評価が集団の他者を比較対象とすることに対し，個人内評価は過去の自分を比較対象とする。たとえば，何らかの確認テストの得点として1ヶ月前が50点，現在が60点であったとき，過去の自分と比較して10点上昇したと考える。

４．学校教育における扱い

学校教育においては，かつては相対評価が使われていたが，現在では絶対評価を使うことが一般的である。また，個人内評価もしばしば使われる。これは，他者との比較よりも自己の成長を認識することが動機づけに繋がることや，社会で必要とされるスキルが多様化し単一の相対的な指標で評価しきれないといった事情が関係している。

参考文献

文部科学省　https://www.mext.go.jp/b_menu/shingi/chukyo/chukyo3/080/siryo/__icsFiles/afieldfile/2018/10/22/1410349_2.pdf　2020年4月20日閲覧.

（島田英昭）

Q 58　評価対象となるデータの種類と分析上の注意点について，いくつか述べなさい

1．客観テスト

　評価者による得点の差違がない，あるいは小さいテストを客観テストと呼ぶ。たとえば大学入試センター試験（2021年度入学生より大学入学共通テスト）のようにマークシートで行われる試験は，誰が採点をしても採点ミスが無い限り同じ得点になり，極めて高い客観性が保たれている。このようなテストは採点の自動化もしやすく，実際にマークシートを読み取って自動的に採点されている。また，学力テストとは異なるが，1〜5の5段階で選ぶといったような，質問紙による心理尺度も客観テストに分類できる。これらの客観テストは一般的に，大量のデータを自動的に処理する必要があるとき，あるいは，科学研究等において高度な客観性を必要とするときに利用される。

2．記述式テスト

　回答を文章で記述するテストを記述式テストと呼ぶ。たとえば，文章を読み，登場人物の心情について100文字といった文字数で回答するものである。この形式の場合，回答が一つに定まらないため，客観性は落ちる。客観性を保つために，一般的には「……の用語が使われている」「……の観点が含まれている」といった評価基準を定めることがある。その上で，複数採点者の一致率を確認することもある。大学入学共通テストにこのような問題が導入されようとしたが，最終的に導入が回避されたことは記憶に新しい。ただし，AI（人工知能）の能力が急速に向上しており，近い将来，人間の採点とほぼ同様の自動化ができる可能性はある。

3．論文体テスト

　記述型式テストの中での文字数が比較的多いものを論文体テストと呼ぶ。

典型的には，大学入試の小論文や，大学授業におけるレポート，卒業論文等が当てはまる。これらの客観的評価はさらに困難である。一方で，記述式よりもさらに深い理解を評価するためには，このような形式が適切である。なお，論文体テストでは論文の書き方といった基本的なライティングの能力が必要となるため，あらかじめライティングの訓練が必要である。評価したい対象とライティングの能力を区別する必要がある。

４．ポートフォリオ評価

　上記はいわゆる「ペーパーテスト」の文脈で使われる評価であるが，それ以外にも評価のためのデータはさまざまある。Q57で述べたルーブリックはその一つである。他にも，しばしば使われるものとしてポートフォリオ評価がある。ポートフォリオとは，学習歴を何らかの形で取り出せる形で保管しておき，その学習歴を評価対象とする。長期的な学習の軌跡を評価できるという利点がある。また，近年ではポートフォリオをデジタル化して，小さな手間で学習歴を残す試みもされている。ポートフォリオはテストに比べて長期的な効果を評価することに優れている。一方で，望ましくない過去の記録が未来の学習の動機づけを低下させたり，常に評価にさらされるプレッシャーがあるといった問題点もある。

５．パフォーマンス評価

　評価対象は必ずしも言語的に評価できるとは限らない。たとえば，体育の実技や料理の手際は必ずしも言語的に表現できない。このような対象には，実際の行動を評価するパフォーマンス評価が使われる。

参考文献

文部科学省　https://www.mext.go.jp/content/20191217‐mxt_kouhou01‐000003280_2.pdf　2020年4月20日閲覧.

（島田英昭）

Q 59　教育測定における信頼性と妥当性の重要性について述べなさい

1. 教育測定とは

　教育測定とは，「一定の規則に従って，観察された事象に対して数量を付与する操作」と定義される（続，1973）。ここでの「観察された事象」とは，例えば身長や体重，時間といった物理的特性から学習への動機づけや学力，知能といった，目に見えない理論的構成概念をも含む。物理的特性については，その対象と尺度とを明確に対応づけることが可能であり，測定上の問題が生じにくい。一方，理論的構成概念を測定するときは，目に見えないという曖昧さゆえに，直接観測可能な事象，例えば何らかの「テスト」を用いて間接的に推定するほかない。

　理論的構成概念を測定するために用いられるテストは，複数の設問から構成され，各設問に対する回答形式と得点化の方法，テスト全体としての得点化の方法があらかじめ定められた「測定装置」である。このようなテストを媒介することで，測定対象とする理論的構成概念は量的属性を有した情報に数量化される。このとき，物理的特性を測定する際には生じない様々な問題が，理論的構成概念を測定する際に生じうる。すなわち，「テスト」がいかに理論的構成概念を適切に測定できているかを，改めて評価しなければならないのである。

2. 信頼性と妥当性

　理論的構成概念を測定する際には，テストが適切な測定ができているかが重要である。ここでの「適切な測定」とは，「信頼性（reliability）」および「妥当性（validity）」という2側面から評価される。したがって，測定における信頼性と妥当性とは，教育評価の根幹を支えていると言える。

　信頼性とは，「同一個人に異なる条件下で同一テスト，もしくは等価テス

トを実施したときの得点の一貫性」である。したがって，信頼性は，テスト
が測定場面を超えて，同一水準の特性値を有した者をどの程度一貫した数値
によって測定できるかを表している。そのため，信頼性を評価する際には，
テストの得点の一貫性を毀損する要因を誤差とみなし（偶然誤差という），
この偶然誤差がどの程度小さいかを評価する。偶然誤差の具体例には，その
時の体調や気分，回答への迷いや読み間違いなどが挙げられ，信頼性係数と
呼ばれる統計量によって評価される。

　一方，妥当性とは「テストの得点自体およびその結果に基づいて行われる
推論が有する正当性の程度」である。すなわち，測定したい理論的構成概念
が適切に測定されている程度を表すため，妥当性の「有・無」といった2分
法のように評価しない（American Educational Research Association, American
Psychological Association, & National Council on Measurement in Education,
2014）。妥当性を評価する際には，上述した偶然誤差だけでなく，測定対象
とする理論的構成概念を反映しない要因の全てを誤差とみなし（系統誤差と
いう），偶然誤差と系統誤差がどの程度小さいかを評価する。系統誤差の具
体例には，社会的に望ましいと考えられる回答をする傾向（社会的望ましさ）
や本人の内省能力の正確性などが該当する。

　妥当性は信頼性と異なり，ある1つの統計量によって評価できない。なぜ
ならば，「テストが測定したい理論的構成概念を適切に測定できているか」
という問いに対して，単一の観点から評価できないからである。そのため，
妥当性は（1）テストを構成する設問は理論的構成概念を網羅しているか，
（2）理論的に関連するその他の指標と関連するか，（3）理論的に弁別される
その他の指標と独立しているか，（4）テストの得点から予測される結果がも
たらされるかなど，様々な観点から総合的に評価される性質を有する。ま
た，あるテストを用いたときの妥当性は，テストの測定の目的や状況，受検
者といった様々な文脈的要因による影響によって変動する。例えば，中学生
の学力を把握することを目的としたテストを例にして妥当性を考える。もし
も，このテストが中学生の学力を適切に測定できた（すなわち，妥当性が高
い）としても，このテストを小学生に用いたときにはテストの難易度が高す

ぎるため，テストの妥当性は低くなる。また，このテストの目的が，（1）中学生の学力の差を鋭敏に識別すること，（2）特定の単元に関する内容が理解できているかによって，テスト内容の適切性に関する評価基準が変化するため，妥当性の程度も一様でなくなる。そのため，妥当性はテスト固有の性質として評価できないのである。

　信頼性と妥当性との間の関係は，ベクトルによって説明が可能である。先に，テスト得点には偶然誤差と系統誤差が含まれることを説明した。すなわち，テスト得点（X）は，「理論的構成概念を反映した成分（c）」「偶然誤差（e）」「系統誤差（s）」という3つの成分によって構成される。そこで，信頼性と妥当性が，上述した3つの成分によってどのように表現できるかを考える。信頼性はテスト得点（X）の分散における真値（T）の分散（上述したcおよびsの成分を合算したもの）が占める割合であり，「テスト得点（X）のベクトルの長さに対する真値（T）の長さの割合の2乗（コサインの2乗）」と表現される（図8-59-1の左図）。それに対して，妥当性はテスト得点（X）の分散に対する理論的構成概念を反映した成分の分散が占める割合であるため，「テスト得点（X）のベクトルの長さに対する測定したい構成概念を反映した成分（c）の長さの割合の2乗（コサインの2乗）」とベクトル表現される（図8-59-1の右図）。

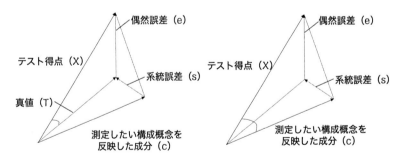

図8-59-1　信頼性（左図）と妥当性（右図）のベクトル表現（出典：南風原（2012））

　上述したベクトル表現を用いると，テストの信頼性と妥当性をどのようにして高められるかを明らかにできる。すなわち，テストの信頼性と妥当性が

高い状況とは，テストの得点において偶然誤差と系統誤差がともに小さいことを指し（図8-59-2の左図），信頼性と妥当性がともに低い状況は，テスト得点において偶然誤差と系統誤差がともに大きいことを指すのである（図8-59-2の右図）。したがって，あるテストを用いた測定を行う際に，信頼性を高めるためには，偶然誤差の影響をできる限り小さくすることが必要となる。それに対して，測定における妥当性を高めるためには，偶然誤差の影響だけでなく，本来測定したい理論的構成概念以外の要因によって生じる系統誤差の影響もできる限り小さくすることが必要となるのである。そのため，信頼性と妥当性との間の関係性を考えた時，妥当性が高い測定が可能であるならば，信頼性も高いことになる。また，妥当性が高い測定が行われているとき，テスト得点（X）と理論的構成概念を反映した成分（c）のそれぞれのベクトルが近似することが分かる。換言するならば，あるテストを用いた際の妥当性を評価することとは，テスト得点（X）のベクトルを定位することと言える。

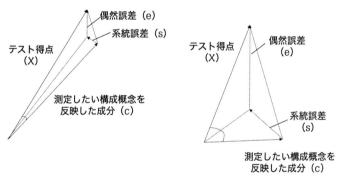

図8-59-2　あるテスト得点の妥当性が高い状態（左）と低い状態（右）

参考文献

American Educational Research Association, American Psychological Association, & National Council on Measurement in Education. (2014). *Standards for educational and psychological testing.* Washington, DC; American Educational Research Association.

続 有恒 (1973)『教育心理学の探求』金子書房.

南風原朝和 (2012)「尺度の作成・使用と妥当性の検討」『教育心理学年報』51巻.

(髙本真寛)

Q 60　度数分布，代表値，標準偏差などの記述統計量について述べなさい

　対象の特徴を表す，何かしらの情報を有したものをデータと呼ぶ。データは，あらかじめ定められた規則にしたがって一意的に付与されるため，データを通して個人や集団の特徴が把握できるようになる。ただし，データサイズが大きくなると，そのままではデータ全体の特徴を把握することや大量のデータの中から意味のある情報を引き出すことが難しくなる。そのため，データがもつ数量的情報を整理集約し，そのデータが表す性質をできるだけ簡素かつ明確に記述表現すること，すなわち記述統計を求めることが重要になる。

1．度数分布によるデータの要約

　データ全体の情報を要約する方法の1つは，数値をいくつかの階級に分け，特定の階級に含まれるデータの個数（度数：frequency）をカウントすることである。これによって，データはより少ない情報に集約され，データ全体の特徴を直観的に理解できるようになる。こうした，階級と度数を対応させたものを度数分布（frequency distribution）と呼ぶ。また，度数分布を求める際には，総度数に対する各階級の度数の比率である相対度数（relative frequency）を同時に算出する。なぜならば，個々のデータないし階級の度数はデータサイズの大きさに依存するのに対して，総度数に対する割合を示す相対度数はデータサイズに依存せずに解釈が可能になるからである。すなわち，度数分布を用いたデータ全体の特徴の把握は，データ全体における分布の特徴を明らかにすることにある。そのため，特定のデータないし階級の度数が総度数に対してどの程度の割合を占めているかという，相対的な解釈が求められるのである。なお，度数分布は図表を用いてまとめることも可能であり，代表的なものには度数分布表やヒストグラム，棒グラフ，円グラフなどが挙げられる。

2.　各種の記述統計量

　度数分布はデータ全体の特徴を直観的に把握することに優れ，データ解析の第一歩として重要な意味を有するが，より少数の数値に要約することも可能である。このような各種の数値（統計量）のことを記述統計量という。記述統計量は先述した度数分布を数量的に表したものである。記述統計量は分布のどのような特徴を要約するか，という観点から区別でき，主な記述統計量には代表値（average, measure of central tendency）と散布度（measure of dispersion）が挙げられる。

　代表値とは分布全体の特徴を1つの値で代表する統計量である。記述統計量における「代表」値は，例えばスポーツ競技などの「代表」選手とは異なる意味をもつ。後者の用語が指す「代表」とは，「最も優れた」や「秀でた」という意味を持つ。一方，代表値における「代表」とは，分布全体の中で「最も典型的」や「一般的」であるという意味をもち，分布の中心的位置を指す統計量である。主な代表値には，平均値（mean）や中央値（median），最頻値（mode）などが挙げられる。

　平均値は算出平均とも呼ばれ，データの総和をデータ数で割った値であり，代表値の指標として利用頻度が高い統計量の1つである。中央値はデータを大きさの順に並べたときにちょうど真ん中に位置する値であり，最頻値はデータ全体の中で最も度数の多い値のことである。これらの3つの代表値の値は，データ全体の分布が左右対称であり，山が1つ（単峰形）の分布であるときにすべて一致する（図8-60-1中央）。一方，分布の形が左右対称から逸脱したとき，左に偏った分布では「最頻値<中央値<平均値」の関係を示し（図8-60-1右側），右に偏った分布では「平均値<中央値<最頻値」の関係を示す（図8-60-1左側）。したがって，代表値を用いて分布の特徴を把握するとき，複数の値を参照することで分布が左右対称か否かを捉えることができる。また，これらの代表値を比較すると，様々な数的処理が可能であるために，平均値の使用が推奨されている。ただし，平均値はデータ全体に対して少数の特異的な値（外れ値という）が含まれるとき，その影響を強く

受けることに留意する必要がある。

　他方，散布度とは分布の広がりに関する統計量であり，分布の中心的位置を表す代表値の信頼性を保証する側面をもつ。換言すると，散布度が小さいほど代表値の信頼性が高いことを示すのである。主な散布度の値には，分散（variance）や標準偏差（standard deviation），四分位偏差（quartile deviation）などが挙げられる。それぞれの散布度は代表値との間に相補性があるため，代表値として用いた値によってどの散布度を用いるかが決定する。分散と標準偏差は平均値と，四分位偏差は中央値とそれぞれ対応する。分散と標準偏差を比較すると，散布度には標準偏差が用いられることが多い。この理由には，2つの統計量の単位が関係している。分散はデータの単位を2乗した尺度で表わされ，標準偏差は分散の値に対して平方根を取った値であるため，データの単位と同一となる。例えば，日本に住む小学生の身長に関する分布を考えたとき，分散は「㎡」が単位となるのに対して，標準偏差は「m」が単位となる。そのため，解釈が容易であるということから，平均値が代表値に用いられたとき，標準偏差を散布度に用いることが多いのである。

　先に述べたように，記述統計の目的はデータ全体がもつ数量的情報を整理集約し，少数の値によってデータの性質を明らかにすることにある。この目的は代表値と散布度のいずれかの値のみでは明らかにできない。そのため，代表値と散布度を併記することが必要とされる。

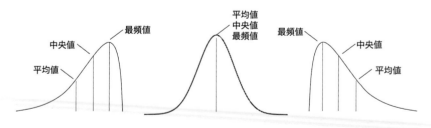

図8-60-1　分布の歪みと代表値の位置との関係（筆者作成）

（髙本真寛）

Q 61　相関について説明し，関係性の解釈において留意しなければならないことを説明しなさい

1. 相関関係と相関係数

　2つの事柄の間にある特定の規則性があるとき，2つの事柄の間には相関関係があると言う。このような相関関係を仮定されたとき，2つ以上の変数間の同時的な変動をとらえ，それらの変数間における相互関連を明らかにすることは，教育心理学領域だけでなく行動科学領域において重要な分析の1つである。

　2つの事柄の間に相関関係が見られるということは，一方の変数がどのような値であるかによって，もう一方の値が取りうる分布の様相が異なることを意味する。そこで，まずは2つの変数の情報を2次元平面に布置し，2つ以上の変数間の相関関係の在り方を検討する。この図のことを散布図もしくは相関図と呼ぶ。例えば，児童を対象として「1週間に朝食を食べる頻度」と「学力」の散布図を描いたときに，「朝食を食べる頻度が高い児童ほど，そうでない児童と比べて学力が高い傾向がある」という規則性が見られるとき，「朝食を食べる頻度と学力との間には相関関係が見られる」と言える。また，この例のように，散布図全体が右肩上がりの様相を示すことを正の相関関係と言い，右肩下がりの様相を示すときは負の相関関係があると言う。

　次に，2変数間の相互関連性を量的に把握するために，相関係数を算出する。相関係数とは，2つの変数に関する測定値の組が与えられたときに，それらの測定値間における相互関連の程度を定量的に示す指標であり，マイナス1からプラス1までの値をとる。相関係数が正の値は正の相関関係を示唆し，負の値は負の相関関係を示唆する。最も代表的な相関係数にはピアソンの積率相関係数（r）が挙げられ，1次関数的相関関係の強さを評価するための指標である。図8-61-1は，相関係数がr＝－1.0から1.0までの値を示すときの，散布図の様相を示したものである。この図からも明らかであるように，相関係数の絶対値の数値が大きいほど，2変数間に強い相関関係がある

ことがうかがえる。ただし，ピアソンの積率相関係数は，1次関数的相関関係を表す指標である。そのため，図8-61-2のように，2変数の間の関連性が直線的関係にない時，相関係数は相関関係の強さを適切に反映できないことに留意が必要である。

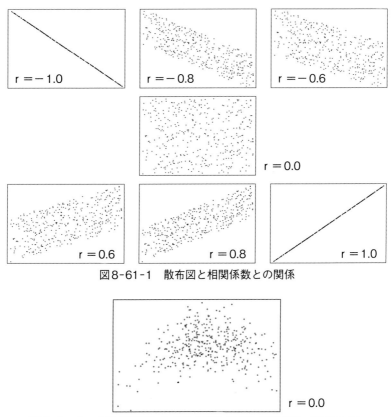

図8-61-1　散布図と相関係数との関係

図8-61-2　曲線的関係にある散布図の様相と相関係数（筆者作成）

2. 相関関係と因果関係

　2つの変数の間の相関関係を解釈する時には，相関関係を因果関係と混同してはならない。確かに，2つの変数の間に因果関係があり，それが直線的

な共変関係として現れるときには相関係数が高くなる。そのため，因果関係の存在を裏づけるために相関係数を利用することは可能である。ただし，これはあくまで，「因果関係の存在の主張と，データが結果的に一致している」という間接的な情報を有するだけで，相関係数の値を因果関係の直接的な証拠として用いることはできない。

　そもそも，相関関係とは2変数データの分布に見られる統計的特徴であり，2変数の関係について観測された現象を平面次元上に記述したに過ぎない。それに対して，因果関係とは一方の変数によってあらわされる事柄（原因）の強度が，他方の変数によってあらわされる事柄（結果）の強度を規定している関係を意味する。例えば，「児童が朝食を食べる頻度と学力との間」や「コウノトリの生息数と出生率との間」に正の相関関係が見られたとしても，このことが2つの変数の間に因果関係があることを意味しない。したがって，児童に朝食を食べる習慣を身につけるように教育することやコウノトリの生息数を増やす試みが，学力や出生率の向上に対して直接的に寄与することを保証しないのである。Hill（1965）は因果推論のために「関連の強さ（Strength）」や「関連の一貫性（Consistency）」，「関連における先行性（Temporality）」「関数的関係性（Biological gradient）」などを含めた9つの基準を挙げ，この基準を多く満たしているときに，「変数間の関連性が因果関係である可能性が高い」と推論することが望ましいとした。相関係数は，上記の基準のうち「関連の強さ（Strength）」と「関数的関係性（Biological gradient）」の一部を満たしていることを示すに過ぎないことに留意する必要がある。

参考文献

Hill, A.B.（1965）. The environment and disease: Association or causation? *Proceedings of the Royal Society of Medicine, 58,* 295-300.

（髙本真寛）

Q 62　学力とは何かを述べ，その評価手法について説明しなさい

1．学力の定義

　学校等における学習目標の達成度合いを学力と呼ぶことが一般的である。操作的定義をすれば，学力テストで測られたものが学力ということになるが，学力テストを学習目標の評価指標として設計すれば，学力テストの結果を学習目標の達成度合いとして解釈することができる。

　しばしば問題になるのは，学力と知能（Q47も参照）の違いである。知能は学習等に対する適応可能性の度合いとして考えられることが多い。一方で学力は，一定の学習の結果を評価するものとして考えられることが多い。すなわち，知能は未来志向の評価であり，学力は過去志向の評価である。

2．学力の評価手法

　学力の評価手法としては，何を，どのように評価するのかを考慮する必要がある。既存のテストを無批判に受け入れるのではなく，評価対象の学力を言語化し，妥当性（Q59参照）に配慮する必要がある。ここでは学校教育と学習指導要領を事例に考える。

（1）何を評価するか

　2020年度より小学校で，2021年度より中学校で全面実施される新学習指導要領では，育成すべき資質・能力として，知識及び技能，思考力・判断力・表現力等，学びに向かう力・人間性等の3つの柱が掲げられている。これら3つの柱から，各教科の目標が整理されている。たとえば，小学校学習指導要領の国語の目標は，知識及び技能として「(1) 日常生活に必要な国語について，その特質を理解し適切に使うことができるようにする」，思考力・判断力・表現力等として「(2) 日常生活における人との関わりの中で伝え合う力を高め，思考力や想像力を養う」，学びに向かう力・人間性等として「(3) 言葉がもつよさを認識するとともに，言語感覚を養い，国語の大切さを自覚

し，国語を尊重してその能力の向上を図る態度を養う」とされている。

（2）どのように評価するか

　知識及び技能について各学年の目標をみると，全学年にわたり「日常生活に必要な国語の知識や技能を身に付ける」という説明がある。この点を評価することを考えると，第1にはひらがなや漢字等の文字の使用や，用語の理解を問う説明課題が考えられる。これらは客観テストによる評価が使いやすいと考えられる。

　思考力・判断力・表現力等においては，低学年では「自分の思いや考えをもつことができるようにする」，中学年では「（同）まとめることができる」，高学年では「（同）広げることができる」と段階的なステップアップが目標とされている。これらを評価するとすれば，まずは何らかの表現活動の中で評価することが必要ではないかと考えられる。たとえば，友人やクラスへのプレゼンテーション，作文等が考えられる。また，「考えをもつ」「考えをまとめる」「考えを広げる」といった点に対応するために，表現の場や採点基準を適切に設計する必要がある。

　学びに向かう力・人間性等では，低学年では「楽しんで読書を」，中学年では「幅広く読書を」，高学年では「進んで読書を」と同じく段階的なステップアップが目標とされている。読書行動の把握や，「新聞，雑誌を読んだり，何かを調べるために関係する資料を読んだりすることを含んでいる」とあるように，資料からの情報の引き出し方，資料収集の仕方のパフォーマンスを評価する方法もあるだろう。なお，読書の内容は思想・信条に関する情報を含むため慎重になる必要があることには注意が必要である。

参考文献・URL

　文部科学省　https://www.mext.go.jp/content/1413522_001.pdf　2020年4月20日閲覧

（島田英昭）

第**9**章

発達障害と特別な支援

Q 63　発達障害の種類とそれぞれの特性について述べなさい

　近年，脳多様性（ニューロダイバーシティ：neurodiversity）という概念が広まってきている。自閉症，注意欠如・多動性症（ADHD），学習障害といわれる症状は，技術と文化の発展に貢献するそれぞれ固有の強みを持つ，自然に起こる認知的多様性とみなされるべきだという理解である。Biodiversityが生物多様性と訳されるのであるなら，neurodiversityは脳神経系の多様性ということになる。つまり人間一人ひとりを制御している脳神経系にも，多様性があり，従来考えられてきたほど，各個人が均質ではないという考え方である。これら多様性の概念をもって，それぞれの特徴に合った効果的な教育の方法を見出していくことが必要である。

1．自閉スペクトラム症（autism spectrum disorder: ASD）

　スペクトラムとは，現象や症状などの境界が曖昧であり，連続しているということであり，自閉スペクトラム症は，自閉症やアスペルガー症候群などを包括するための概念である。2013（平成25）年に発表された米国精神医学会による Diagnostic and statistical manual of mental disorders（DSM）-5においては，ASDの主要な症状を「社会的コミュニケーション」と「限定された反復的な行動，興味または活動の様式」の2領域にまとめた上で，その重症度（レベル1〜3）をそれぞれ評価することとなった。近年，その有病率は

１～２％と報告されている。

　自閉スペクトラム症では，抽象的な概念など曖昧なことを理解するのが苦手であるため，相手の気持ちを言葉や表情から読み取ったり，その場の状況を把握したりすることが苦手である。周りの状況を理解しようとすることに疲れてしまうこともある。また，自分の興味のあることや特定の行動に強いこだわりがあり，繰り返したりするという傾向が見られる。例えば，気持ちを落ち着かせるために，繰り返しジャンプをしたり，手をひらひらさせたりする。さらに，しばしば感覚過敏が見られ，日常の音や光に苦痛を感じることもある。

　具体的な様子については一人ひとり異なるため，教育現場においては，個に応じた対応を行う必要がある。自閉スペクトラム症の場合，次のような支援が考えられる。感覚が敏感であるため，刺激が少ない落ち着ける環境にする。予定がわかっていないと不安になるので，１日の計画が視覚的にわかるような掲示をしておく。変化に柔軟に対応することが苦手であるため，予定が変更になる場合はできるだけわかりやすく丁寧に説明し事前に伝えておく，などである。あくまでも個人差があるため，個に応じた手立てを講じる必要がある。

２．注意欠如・多動性症（attention-deficit hyperactivity disorder: ADHD）

　注意欠如・多動性症とは，不注意（inattention）と多動性-衝動性（impulsivity-hyperactivity）を主症状とする。不注意症状の例としては，注意が散漫になりやすい，集中が続かない，ケアレスミスが多い，忘れやすいなどがあり，多動性-衝動性症状にはじっと座っていられない，あちこち動き回る，よく考えず突発的に行動するなどがある。これらの症状は幼少期に現れ，年齢を重ねるごとに軽減していくことが多いが，児童期以降も症状が持続したり，成人期になってから表れたりすることもある。ADHDは子どもの６～７％，思春期～成人の３％前後に見られ，男女比は約２：１で男児／男性に多い。つまり，１学級（約30人）に１～２人は，ADHDのある子どもがいる割合である。

　幼児期に症状が表れると，園生活などでの集団活動に参加することが難しいことがある。他の子とのやりとりがうまくいかず一緒に遊べず，けんかやいざこざを起こしやすい。児童期になると，授業中にじっとしていられず離席したり，学習に集中できなかったり，課題を最後まで行うことができなかったりする。また，不注意傾向によりケアレスミスをするなど問題をうまく解くことができず，学業成績にも影響が及ぶ。日常生活をするうえでは，うまく人間関係を築くことができない，計画的に行動することができず，遅刻などが多い，物を忘れたり紛失したりすることが多いなどの問題が見られる。そのため，学校や社会にうまく適応できず，不登校になってしまったり仕事が長続きしなかったりすることもある。

　しかし，こうした困難な状況は，特性に合わせた支援をより早期に始め，継続的に行っていくことで軽減できる可能性がある。そこでは，特別支援教育が大きな役割を果たすことになるが，注意欠如・多動性症の特性を理解したうえで，個に応じた支援を行うことで，より効果が期待できると考えられる。

　例えば，「今から大切なお話をします。」などと事前に伝えることで，子どもが必要な情報に注意を向けることができるようにする。また，黒板（ホワイトボード）や配布資料などで重要な箇所には目立つ色で印を付ける，線で囲む，文字を大きくするなど視覚的にわかりやすくすることで，子どもが必要な情報を見つけ注意を向けやすくする。元々の情報を精選し刺激を減らすことで，子どもが不必要な刺激に注意を奪われることを少なくする。教室でよく行われているのが，黒板（ホワイトボード）の周りの掲示物を少なくしたり，授業中はカーテンで覆ったりするといった方法である。

　このような具体的な取り組みを続けていくことで，日常生活や学習の中での悩みや困難を取り除き，成功体験を積み重ね，自己肯定感を高めることができる。そのことが，結果的に不登校を防ぎ，様々な活動への意欲を生み出すことにつながると考えられる。注意欠如・多動性症のある子どもたちが自らの特性を知り，よりよく生きるための工夫ができるようになることが望ましい。

3. 限局性学習症（学習障害）（learning disorders: LD）

　教育や心理学の領域で，「限局性学習症（学習障害)」とは，次のような状態であると言える。

(1) 全般的な知的機能が正常範囲にある（おおむねIQが85以上）

(2) 特定の学習領域における習得と使用に困難が認められる。

(3) 視覚や聴覚などの抹消感覚器の障害はない。

(4) 学習に影響を及ぼすほどの生活環境の問題が認められない。

(5) 本人の学習に対する意欲に問題が認められない。

(6) 中枢神経系の機能異常が背景にある。

　(2) については，読む・書く・計算する・聞く・話すなどの領域が該当する。どれも学習する上で非常に重要なスキルであり，これらの使用が困難であると，学習に支障をきたしてしまうことは容易に想像することができる。

　また，特定の領域以外については，基本的な理解力やスキルがあるため，怠けている，やる気がないなどと周囲の理解が得られないこともある。さらに，本人も自分のせいであると自分自身を責め，自分は駄目だと思い自己肯定感が低下し，学習意欲を失ってしまう傾向がある。周囲または自分自身が学習障害であることに気が付かず，誰にも相談することなく悩み続けてしまうこともある。そのため，早期発見と特徴の理解及び継続的な個別の支援が重要である。

参考文献

平田正吾（2019)「自閉症スペクトラム障害の心理学研究」北洋輔・平田正吾編『発達障害の心理学−特別支援教育を支えるエビデンス』福村出版, pp.69-84.

北洋輔（2019)「学習障害の心理学研究」北洋輔・平田正吾編『発達障害の心理学−特別支援教育を支えるエビデンス』福村出版, pp.126-155.

奥村安寿子（2019)「注意欠如多動性障害の心理学研究」北洋輔・平田正吾編『発達障害の心理学−特別支援教育を支えるエビデンス』福村出版, pp.97-116.　　　　　　　　　　　　　　　　　　（福丸奈津子)

Q 64　発達障害児者への教育の現状と課題について述べなさい

1．日本における特別支援教育の現状

　2007（平成19）年4月から，「特別支援教育」が学校教育法に位置づけられ，すべての学校において，障害のある幼児児童生徒の支援をさらに充実していくことになった。また，共生社会に向けて，教育分野においては「1人も取り残さない」ための取り組みが推し進められるようになってきている。

（1）教師の専門性の向上

　通常の学級に在籍する発達障害の可能性のある特別な教育的支援を必要とする児童生徒は，6.5％とされること，また，普通学校において，児童生徒数は年々減少する一方で，通級指導を受ける児童生徒数，特別支援学級に在籍する児童生徒数は増加傾向にあることが，文部科学省より報告されている（それぞれ2014年，2019年）。小学校において，必要に応じ，児童生徒1人1人のニーズに応じた指導目標や内容，方法等を示した「個別の指導計画」，及び関係機関の連携による乳幼児期から学校卒業後まで一貫した支援を行うための教育的支援の目標や内容等を盛り込んだ「個別の教育支援計画」の作成が求められており，特別支援学校の教師に限らず，普通学校の教師もまた，特別支援教育に関する専門的な知見を有することが求められる。特別支援教育・教育心理学の最新の知見をもとにした研修制度・資格制度の充実が課題となる。

（2）校内ならびに多職種にわたる支援のネットワーク

　特別支援教育を実施するために，各学校は校長のリーダーシップの下，「チーム学校」として，全校的な支援体制を確立し，発達障害を含む障害のある幼児児童生徒の実態把握や支援方策の検討等を行うこと，校内に特別支援教育に関する委員会を設置すること，加えて，各校の教員のうち，特別支援教育を推進していく役割を担うものを特別支援教育コーディネーターとし

て任命することが求められている。特別支援教育コーディネーターは，学校内の関係者や外部の関係機関との連絡調整役，保護者に対する相談窓口，担任への支援，校内委員会の運営や推進役といった役割を担っている。情報共有は，先の「個別の教育支援計画」を活用するなどし，子どもを中心とした横の支援（教育・福祉・家庭の連携）と縦の支援（子どもの成長に応じた校種間の連携）が求められている。近年，児童生徒が生活・学習する場は，学童保育や療育施設，家庭環境の状況によっては養護施設等多岐にわたる。特別支援教育コーディネーターが，質の高い支援を行っていくためにも，研修制度の充実はもちろん，業務にかかる時間の担保が課題となる。校長や行政などの果たす役割は大きい。

2．合理的配慮とセルフアドボカシー

（1）合理的配慮

障害者の権利に関する条約が，2006年に国連において採択され，日本は2007年に署名，2014年に批准した。同条約は，「障害者の人権及び基本的自由の享有を確保し，障害者の固有の尊厳の尊重を促進することを目的として，障害者の権利の実現のための措置等について定めるもの」であり，「第二十四条　教育」においては，「教育についての障害者の権利を認め，この権利を差別なしに，かつ，機会の均等を基礎として実現するため，障害者を包容する教育制度（インクルーシブ教育）等を確保する」こととし，その権利の実現のための手立ての1つとして，「個人に必要とされる合理的配慮が提供されること」が挙げられる。

（2）合理的配慮の実践事例

LD（限局性学習症），ADHD（注意欠如・多動性症），自閉スペクトラム症等の発達障害のある児童生徒に対する合理的配慮の例として，文部科学省は，以下を列挙している。

・個別指導のためのコンピュータ，デジタル教材
・クールダウンするための小部屋等の確保
・口頭による指導だけでなく，板書，メモ等による情報掲示

（3）セルフアドボカシー

　セルフアドボカシーとは，生活上の障害や困難を抱える当事者が，自分でできる対処や支援方法を理解したうえで，必要に応じて，適切な配慮を他者に要請する行為を意味する。そこで出された要請は，合理的配慮の原則にしたがって，対応が検討される。具体的には，ニーズや場面に応じ，個別のケースで検討される。学習場面において，個への配慮が集団の学習目的の変更を必要とする場合などは認められないケースもある。集団の学習目的にかなった個への配慮はいかなるものであるのかといった具体的な手立てについては，合議により調整が図られていく必要がある。

　児童生徒自身，いかなる支援が必要であり，自己にとって何が有効かといった点について自己理解を深めながら，権利者として自らの要求を主張していくこと，また，折り合いをつける術を学んでいく必要がある。つまり，児童生徒は，「支援を受ける」側から「支援を求める」能動的存在に成長することが期待される。児童生徒自身の主体性の獲得は，キャリア形成や職業選択においても発揮される。教育の現場において，児童生徒の成長の姿を共通理解したうえで，児童生徒の主体性を尊重した関わりが求められる。

参考文献

文部科学省（2019）障害者活躍推進プラン2『発達障害等のある子供達の学びを支える〜共生に向けた「学び」の質の向上プラン〜』https://www.mext.go.jp/a_menu/ikusei/gakusyushien/1413121.htm（2020年6月1日閲覧）.

文部科学省（2010）合理的配慮 https://www.mext.go.jp/b_menu/shingi/chukyo/chukyo3/044/attach/1297380.htm（2020年6月1日閲覧）.

（湯澤美紀）

Q 65　発達障害を抱える児童生徒の学習の課題について論じなさい

1. 発達障害を抱える児童生徒の学習上の課題

　発達障害を抱える児童生徒は，学習面においても多様な支援のニーズを要している。具体的な手立てを考えるためには，まず，児童生徒1人ひとりのニーズを的確に把握する必要がある。そこで，以下，学習の躓きを読みとる3つの視点を示したうえで，個と集団に対してともに有効に機能するユニバーサルデザインについて解説を行う。

（1）発達特性

　ワーキングメモリが学習成績を予測することは知られているが，発達障害を抱える児童生徒はそれ以外にも個々の発達特性（生まれもった特性）が学習の躓きをもたらしている場合も多い。いくつか例を挙げる。1）自閉スペクトラム症のある児童生徒は，授業の見通しがもてないと，目の前の課題に取り組むことが困難になる場合が多い。2）注意欠如・多動症のある児童生徒は，授業中，容易に注意が奪われる場合が多い。3）発達性協調運動症のある児童生徒は，椅子に座る等の粗大運動や文字を書く等の微細運動に困難を抱えている場合が多い。4）その他，感覚過敏を有する児童生徒は音・光・素材の影響により特定の環境の中での学習が困難となる場合，視覚認知に問題のある児童生徒は，文字の認識が妨げられる場合がある。

（2）認知特性

　ワーキングメモリの特徴は，学び方の個性として現れる。例えば，ワーキングメモリ内で情報を処理する際，視覚情報の処理が得意な者もいれば，聴覚情報の処理が得意な者もいる。そして，動作情報の処理が得意なものもいる。その逆もしかりである。また，一時的な記憶はできるが，同時に処理が必要となる作業が困難な場合もある（Q63参照）。

（3）失敗体験

　(1)(2)の要因により，学習上の失敗を積み重ねることで，「勉強なんてわからない」「自分はできない」といった紋切り型の思い込みが生じる場合がある。そうした思い込みは，ワーキングメモリの働きそのものを阻害することが知られている（ステレオタイプ脅威）。また，不安や緊張によっても，ワーキングメモリの働きは容易に阻害される。結果，失敗体験が連鎖し，個人の自尊感情を著しく低下させたり，二次障害をもたらしたりすることがある。

2．ユニバーサルデザイン

　ユニバーサルデザインとは，共生社会の実現を目指し，あらゆる人にとって利用しやすいデザインの構築を意味する。特に，学習場面においては，児童生徒の学び方の多様性を踏まえ，個への配慮が集団全体への学びやすさに繋がる環境構成を目指す。上記で示したように失敗体験の積み重ねは，心理面・認知面へ負の影響をもたらす。失敗体験を成功体験に転換していくためにも，まずは，個々の学習状況を把握し，それに応じた課題設定をする必要がある。そのうえで，以下の配慮をしていく。

①教材

　文字に関して近年ユニバーサルデザインフォントが開発され，視認性が高まっている。また，手指の巧緻性を補うための操作性に優れた鉛筆・コンパスがある。ノートのマス目の大きさも児童生徒のニーズに応じて選べるようにしたい。読み・書き・記憶を補うためのICT機器も活用できる。近年は，COVID-19感染症拡大を受け遠隔での授業が行われたり，デジタル教科書やオンディマンド方式の学習教材の活用が進みつつある。こうした全国的な教育の変革により，恩恵を受ける児童生徒は多い。

②教室環境

　時間割や各授業に必要なものを個人がいつでも確認できるような視覚支援が有効である。また，教室内の過多な掲示物や騒音を避け，生徒児童が課題に注意を配分できる配慮が求められる。

③認知特性にもとづいた誰にとってもわかりやすい授業づくり

教師は，指示や発問，提示する情報量を児童生徒にあわせて最適化すること，現在取り組んでいる課題を適宜確認すること，話し合いの際，児童生徒の発表を適宜リヴォイシング（再言語化）すること（個人のワーキングメモリの小ささへの配慮），提示する情報のモダリティを聴覚・視覚・動作を含むようにすること，自らにあった学習方略に気づけるよう促していくこと（学び方の個性への配慮）等が考えられる。

3．確かな学びを将来に繋ぐ

発達障害を抱える児童生徒の場合，学んだ事柄を現実場面に適応したり，類似した場面に汎化することが難しいことがしばしば指摘される。通常学級に在席する児童生徒の場合，教科横断的なクロスカリキュラムの充実を図ること，特別支援学級・特別支援学校に在籍する児童生徒の場合，生活単元学習を生かし，学びを統合させていく工夫が今後必要となってくる。

参考文献

Connell, B. R., Jones, M., Mace, R., Mueller, J., Mullick, A., Ostroff, E., Sanford, J., Steinfeld, E., Story, M., & Vanderheiden, G. *The principles of universal design. Version 2.0*（https://projects.ncsu.edu/design/cud/about_ud/udprinciplestext.htm）（2020年6月1日閲覧）.

湯澤美紀・河村暁・湯澤正通（2013）『ワーキングメモリと特別な支援』北大路書房.

湯澤正通・湯澤美紀（2017）『ワーキングメモリを生かす効果的な学習支援－学習困難な子どもの指導方法がわかる！』学研プラス.

（湯澤美紀）

編著者執筆者一覧

[編著者]

外山美樹　筑波大学人間系准教授，博士（心理学）。
　　著書：『行動を起こし，持続する力－モチベーションの心理学』（新曜社，2011
　　年），（共著）『やさしい発達と学習』（有斐閣，2010年）。

湯澤正通　広島大学大学院教授，博士（心理学）。
　　著書：(編）『知的発達の理論と支援：ワーキングメモリと教育支援』（金子書
　　房，2018年），（編著）『教師教育講座　第3巻　子どもの発達と教育』（協同出
　　版，2014年）。

[執筆者]（50音順）

市川玲子　　（NECソリューションイノベーター株式会社主任）

入江慶太　　（新見公立大学講師）

海沼　亮　　（松本大学専任講師）

草場　実　　（高知大学准教授）

蔵永　瞳　　（滋賀大学准教授）

芝﨑美和　　（新見公立大学准教授）

島田英昭　　（信州大学教授）

関口雄一　　（山形大学准教授）

髙本真寛　　（横浜国立大学准教授）

湯　立　　（筑波大学特任助教）

長峯聖人　　（東海学園大学助教）

荷方邦夫　　（金沢美術工芸大学准教授）

福丸奈津子　（福岡女子短期大学准教授）

藤原健志　　（新潟県立大学講師）

牧　亮太　　（広島文教大学准教授）

水口啓吾　　（愛媛大学講師）

三好一英　　（東京福祉大学講師）

三和秀平　　（信州大学助教）

湯澤美紀　　（ノートルダム清心女子大学教授）

渡邉大介　　（大谷大学講師）

新・教職課程演習　第5巻

教育心理学

令和3年5月31日　第1刷発行

　編著者　外山美樹 ©
　　　　　湯澤正通 ©
　発行者　小貫輝雄
　発行所　協同出版株式会社
　　　　　〒101-0054　東京都千代田区神田錦町 2-5
　　　　　　　　　電話　03-3295-1341（営業）　03-3295-6291（編集）
　　　　　　　　　振替 00190-4-94061
　印刷所　協同出版・POD工場

ISBN978-4-319-00346-4

新・教職課程演習

広島大学監事 野上智行 編集顧問

筑波大学人間系教授 清水美憲／広島大学大学院教授 小山正孝 監修

筑波大学人間系教授 浜田博文・井田仁康／広島大学名誉教授 深澤広明・広島大学大学院教授 棚橋健治 副監修

全22巻 A5判

協同出版